環球人物百科全書

紅馬童書　張文　編著

漫畫名人故事

③ 從馬可孛羅到德川家康

前　言

正在看書的你一定碰到過這種情形，一個平時看起來寡言少語，比你高明不了多少的「小人物」，抓住一個上台演講的機會，在講台上變得光芒四射。他滔滔不絕地展開長篇大論，把你講得雲裏霧裏：

「你説你知道哥倫布？人人都知道他是美洲大陸的發現者，可你知道他當過海盜，蹲過監獄，而他航海的目的是發大財嗎？」

「你知道老子是大名鼎鼎的思想家，那你知道他的職業是甚麼嗎？」

你還沒想起哥倫布做過甚麼的時候，他已經開始了下一段：

「你知道孔子是很多人的老師，可你知道為甚麼書店的老闆都討厭他嗎？」

「你説你知道蘇格拉底是個聰明人，那他為甚麼高高興興地喝下一杯毒酒？」

演講人名單

馬可孛羅
用一本遊記改變世界的人

意大利旅行家，曾來到中國，後來把所見所聞寫成《馬可孛羅遊記》，這本書激發了歐洲人對東方的好奇心。

朱元璋
出身布衣的明朝皇帝

不是皇室貴族，也不是名門之後，出身平民的他卻推翻了元朝的統治，建立了明朝，他被稱為「布衣皇帝」。

貞德
法國人心中的「聖女」英雄

擁有傳奇般的人生，從牧羊女變為女戰神，率領法國人民抵抗英國人的入侵，受到了法國人民的尊敬和愛戴。

哥倫布
發現美洲新大陸的航海家

一位愛冒險的航海家，曾四次橫渡大西洋，他做夢都想到達神秘的東方，卻意外發現了新大陸——美洲。

達·芬奇
文藝復興時期的全能型天才

各方面都出類拔萃的天才，有超出常人的想像力和創造力，在醫學、建築學、音樂、繪畫等方面造詣非凡。

米開朗基羅
最會畫畫的雕塑家

脾氣有點兒怪的畫家、雕塑家、建築師，在西斯廷教堂的天花板上和牆壁上留下氣勢恢宏的壁畫，為此還摔斷了腿。

「有甚麼了不起！」你心裏酸溜溜地想，「只不過多讀了幾本名人傳記而已。」

事實上，這名同學也許不只比你高明一點兒。如果仔細觀察，你會發現他人緣還不錯，處理問題總像大人物一樣睿智……

實際上，你也曾閱讀過某本名人傳記，書裏介紹了名人的成長經歷、成功秘訣、主要成就……可它實在太枯燥了，所以你把書丟到了一邊。不過，你現在看到的這本書，跟你以往讀過的名人傳記可不太一樣。它不僅介紹了名人們廣為人知的一面，同時也爆料了很多名人的「小秘密」，你甚至可以翻看他們的日記呢！

怎麼樣，聽起來是不是挺有意思？你可以把書中的事例信手拈來向同學們炫耀一番，你就是下一位在講台上「光芒四射」的人，你肯定會令老師驚訝不已，對你另眼相看的。

所以，你應該認識到，名人並非只有高端、大氣、上檔次，他們也有普通人的一面，這正是本書要向你展示的。也許名人身上的那些獨特之處正在你身上逐步呈現出來，說不定你也會成為名人故事裏的主角。

還愣着幹甚麼？趕快翻開這本書，從中汲取智慧和力量，來一個華麗的轉身！

拉斐爾
最會畫聖母像的繪畫大師

與達·芬奇和米開朗基
羅齊名的藝術家，是個
不折不扣的美男子，他
很擅長畫聖母像，但不
幸英年早逝。

86

哥白尼
改變人類宇宙觀的天文學家

著名天文學家，日心說
創始人，他改變了人們
的宇宙觀，讓自然科學
從神學中解放出來。著
作是《天體運行論》。

100

吳承恩
中國古代最棒的神話小說作家

他生活在明朝，擅長繪
畫和書法。他根據民間
傳說編寫了中國古代最
棒的神話小說——《西
遊記》。

114

李時珍
被稱為「藥聖」的醫藥學家

明朝的神醫，他辭掉了
太醫院的工作，在外遊
歷多年，走了上萬里路，
編寫了醫藥學經典著作
——《本草綱目》。

128

伊利沙伯一世
締造英國黃金時代的女王

機智勇敢的英國女王。
她不僅成功地維護了國
家的統一，還讓英格蘭
變成了當時歐洲最強大
的國家。

142

德川家康
結束日本戰國亂世的梟雄

日本戰國時代末期傑出
的政治家和軍事家。他
徹底結束了日本戰國時
代，將日本統一成一個
真正完整的國家。

156

馬上就要開講啦……

馬可孛羅

用一本遊記改變世界的人

　　如果你喜歡讀歷史故事，應該對成吉思汗並不陌生。他的繼承者們都非常能幹，其中，他的孫子忽必烈出兵滅掉了南宋，建立了元朝——沒錯，他就是元世祖。

　　元朝的疆域北起西伯利亞，南到南海，西南包括雲南和西藏，西北到達新疆。元世祖把這個遼闊的帝國治理得繁榮而強大，而且他非常好客，所以元朝和外國的交流挺頻繁。

　　13 世紀，有個名叫馬可孛羅（1254 -1324）的意大利人來到了元朝，並且在這兒住了二十多年——外國人分不太清中國的朝代，所以統稱為中國。剛從威尼斯出發的時候，這個17 歲的小伙子可沒想到自己的這次旅行會影響整個歐洲，甚至改變了世界的歷史。

哦？說我？

因為距離遙遠，交通不方便，所以在馬可孛羅之前，只有很少的歐洲人到過東方，大部份歐洲人對於東方的印象大概是……

馬可孛羅回國的時候，帶回了數不清的奇珍異寶和說不完的東方見聞，其中，還包括好吃的麵條和冰淇淋。

聽說世界另一邊有個神秘富饒的國家——比我們意大利還要強大。

沒錯，聽說那裏到處是金銀、珠寶和玉器，還有昂貴的綢緞、瓷器和香料。

我們所在的地方才是世界的中心——這是上帝的旨意！

這讓整個意大利甚至整個歐洲沸騰了，所有人都為此大跌眼鏡——當然，那時他們還沒有眼鏡。馬可孛羅把自己的經歷和見聞寫成了一本叫《馬可孛羅遊記》的書，把元朝描述成一個熱鬧繁華的地方，就連鋪路都用金磚。

說真的，他的寫作風格有點浮誇，不過他的書的確激起

了歐洲人對東方的強烈嚮往。其中有些勇敢的先生站了出來，揚帆起航，去尋找傳說中遍地黃金的東方大國，比如大航海家哥倫布和達·伽馬。

我一生中，唯一從頭到尾讀完的書就是《馬可孛羅遊記》，並且翻來覆去讀了好幾遍。

這對以後新航路的開闢產生了巨大的影響。順便說一句，地理學家們根據馬可孛羅在書中的描述，繪製出了早期的世界地圖。

影響這麼大？這我可沒想到！

下面，這位傳奇的旅行家將親自為你講述他念念不忘的東方之旅，你會在他的故事裏看到：

· 其實他的本意是跟老爸去東方做生意。

· 到東方去的路途既遙遠又危險，他差點兒把小命丟在半路上。

· 他是第一個了解東方的歐洲人，甚至在中國做過官。

· 元朝皇帝忽必烈非常喜歡跟他聊天。

馬可孛羅開講啦

一定要去的地方

我出生在意大利東北部的威尼斯，這座城市由很多小島組成，到處都是蜿蜒的河道，風景美極了。從小，我就一直跟媽

媽生活在一起，從沒見過爸爸。聽說在我出生前 3 個月，爸爸和叔叔出門做生意，從此就再也沒回來。大家都說他們恐怕是在半路遇到了甚麼不測。

就這樣，我漸漸長到了 15 歲。有一天，家裏突然闖進來兩個滿臉大鬍子的陌生人，他們穿着樣式奇怪的衣服，腦袋上的大羊皮帽又髒又臭。

這就是我的爸爸和叔叔，這……真讓人難以置信。

爸爸說他們到達了遙遠東方的一個神秘國度——中國，還一邊講一邊把帶回來的東西拿給我看。上帝啊，該怎麼形容？多麼華麗！多麼漂亮！我敢打賭，就連大主教也沒見過這樣的寶貝！

兒子，瞧！中國到處都是價值連城的寶貝！

還有好喝的酒！

我對那片神秘的東方土地無比嚮往。兩年以後，當爸爸和叔叔又要出發去東方做生意的時候，我執意要跟他們一起去，付出任何代價都可以。

你要知道，我們不是去玩。

這個固執的小伙子非要吃點兒苦頭才行！

我要去東方！我要去中國！一定要去！

從歐洲到東方有兩條路：一條是陸路，從地中海和黑海沿岸出發到西亞，然後走絲綢之路穿過中亞到達中國；另一條是海路，得先從歐洲到北非，然後乘船橫跨阿拉伯海到達中國。

開頭，爸爸和叔叔打算走海路，因為這樣既方便又安全。我們從威尼斯橫渡黑海，來到波斯灣，聽說在這裏的出海口可以找到去中國的大船。可是，我們在這兒等了足足兩個月，始終沒找到去中國的船，於是只好改走陸路。

這是一條充滿艱難險阻的路，最有雄心的旅行家也會望而卻步：

穿過荒涼的沙漠……

越過險峻的高原……

翻過陡峭的高山……

渡過湍急的大河……

小心翼翼地躲避強盜……

避開猛獸的侵襲……

曾經好幾天沒喝一滴水……

也曾經病得快要死掉……

我們在路上足足走了四年，終於有一天……

身在中國的愉快生活

這座城市叫大都，是元朝的都城。不得不說，這裏的繁華和富有讓我徹底驚呆了。

大都街道整齊，橫豎分明，中間矗立着巍峨的宮殿，在陽光的照射下顯得金碧輝煌，非常耀眼。漂亮的馬車在寬闊的路上來來往往，黑頭髮的人們打扮得珠光寶氣，穿着綢緞做成的

華麗衣裳。街道兩旁，綢緞店、鞋帽店、珠寶店、鐵器店、藥材店、酒館、戲院一應俱全，還有廣場和公園。大運河一直通向遙遠的南方，碼頭上停泊着各國的商船，熙熙攘攘，熱鬧非凡。城市北邊，還有高大的鐘樓和鼓樓，鐘鼓響起的時候聲音洪亮，全城每個角落都聽得見。

下面這位大鬍子男人是這個國家的統治者，元朝的皇帝忽必烈。他熱情地接待了我們，相對於恭恭敬敬的爸爸和醉醺醺的叔叔，他更喜歡跟我聊天。

我非常喜歡中國，就在這裏住了下來，很快學會了漢語、蒙語和當地的風俗，跟中國人交流起來完全沒有障礙。皇帝甚至僱用我為他工作，我做得很開心——如果我的同事們不圍着我一直看就更好了。

休假的時候我經常到各地旅行，沒錯，這個國家可真是遼闊。我參觀過許多古城，到過西南部的雲南和東南沿海一帶，還作為外交官代表皇帝出使過越南、爪哇和蘇門答臘。

轉眼間，我離開家已經超過二十年了。雖然我很愛中國，但有時還是會想家，於是我告別皇帝，踏上了回家的路——這次我決定走海路。下面這張是我的旅行路線圖，陸路和海路都標出來了，你可以看看我的旅程到底有多長。

即使全世界的人都不相信

　　經過兩年多的航行，我回到了威尼斯。我從中國帶回來的
奇珍異寶讓整個意大利都轟動了……

在中國，街道用金磚鋪成，整座皇宮都用黃金建造。到處都是閃閃發光的金銀珠寶，絲綢、象牙、玉器、瓷器和香料隨處可見！

過了不久，威尼斯和熱那亞發生了一場海戰，我被抓進了監獄——唉，真是倒霉透頂！不過，我的獄友剛好是位作家，於是，我來口述，由他記錄加工，我們完成了《馬可孛羅遊記》——聽書名就知道了，這本書寫的就是我的東方之旅。

你一定無法想像這本書有多流行……

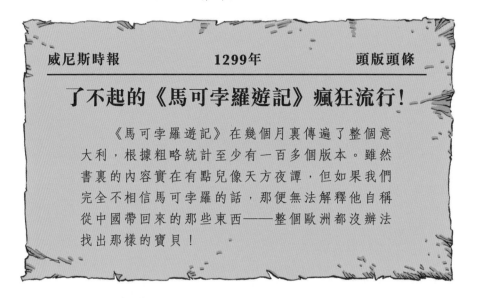

威尼斯時報　　　　1299年　　　　頭版頭條

了不起的《馬可孛羅遊記》瘋狂流行！

《馬可孛羅遊記》在幾個月裏傳遍了整個意大利，根據粗略統計至少有一百多個版本。雖然書裏的內容實在有點兒像天方夜譚，但如果我們完全不相信馬可孛羅的話，那便無法解釋他自稱從中國帶回來的那些東西——整個歐洲都沒辦法找出那樣的寶貝！

我的兄弟姐妹都被殺掉了，我不明白人們為甚麼突然需要大量羊皮——也許是做羊皮紙，聽說他們瘋狂地喜歡一本叫《馬可孛羅遊記》的書。

有些人對我所說的一切深信不疑，而另一些人則認為我在吹牛。

我看過他的遊記了，如果我還是十幾歲的小伙子，我一定到東方去碰碰運氣！

如果不是去過中國，他怎麼會帶回那麼多珍寶？

看看他那身絲綢衣服吧，我相信他說的是真的！

關於中國的見聞肯定是他聽波斯商人說的，他頂多去過波斯。

中國一座城市就有一萬多座橋？我不信！

大家賣命工作是為了賺取銅幣或者銀幣。中國用紙當貨幣？

即使全世界的人都不相信，我還是堅持向大家講述我的東方見聞。令人氣憤的是，直到我死去的那天，傳教士還企圖讓我承認我的遊記完全是一派胡言。我對他說，我沒有欺騙任何人，我所記錄下來的只是我所有見聞的一半而已。

越來越多的人願意相信馬可孛羅的講述和《馬可孛羅遊記》裏所描述的一切，意大利的哥倫布和葡萄牙的達‧伽馬都是因為這本書變成了了不起的大航海家——哥倫布發現了新大陸，而達‧伽馬開闢了歐洲到印度的新航線。

遍地黃金……

快，起航！

新航路的開闢讓整個歐洲經歷了一場翻天覆地的變革，從此進入了大航海時代。

14

知識鏈接

元大都

　　元朝的都城是大都，其城址位於今天的北京市。美麗繁華的元大都有很多東西讓馬可孛羅深深着迷，比如精美的瓷器、美麗的珠寶。

　　他還曾經在杭州參觀，稱杭州是「世界上最美麗華貴之天城」。

瓷器

珠寶

朱元璋

出身布衣的明朝皇帝

　　13 世紀，蒙古人以旋風一樣的速度迅速崛起，締造出一個空前龐大的元帝國。不過跟出色的軍事才能相比，他們在治理國家方面並不擅長，他們覺得既然佔領了富饒的中原，當然要好好享受一番。

　　因為蒙古人比漢人少得多，所以元朝的統治者們就抬高蒙古人的地位，以實現對漢人的統治。例如：漢人打死蒙古人要償命，而蒙古人殺死一個漢人只需要罰交一頭驢的錢。

　　平常人都這樣，手握大權的官員就更囂張了。貪官們為了搜刮錢財，想出各種名目向百姓收錢。不得不說，生活在元朝的百姓運氣不大好。其實各朝各代的百姓都要向朝廷繳納賦稅，而元朝的百姓不但要負擔繁重的差役，還要應付官吏的各種攤派！

　　所以，元朝才建立不到一百年，整個國家就變得亂七八糟。殘暴的統治加上頻繁發生的旱災和水災讓百姓們走投無路，只好紛紛起義，希望推翻元朝，建立一個更好的政權。

在各路起義軍隊伍裏，本來是一個普通老百姓的朱元璋（1328—1398）帶領他的部隊打敗了元軍，趕跑了元朝的皇帝，建立了明朝。沒錯，他就是明朝的第一位皇帝明太祖。在中國歷史上，出身平民卻能當上皇帝是一件非常困難

的事，幾千年裏也就出了寥寥幾個這樣的人，而他就是其中之一，所以被稱為「布衣皇帝」。

他是不是位好皇帝？很多人說他是個愛殺人的暴君……

沒錯！他的確是一個暴君！他殺死了很多人！

打江山時我還立了功呢，他也不手軟……

不過，百姓們卻覺得他這個皇帝還挺不錯。

他殺的都是大貪官！而且他沒修建華麗的宮殿，也沒發動漫長的戰爭，對我們很好呢！

下面就是這位有着傳奇經歷的皇帝的故事，在他的故事裏，你會了解到：

· 他曾經當過和尚，不過並不是因為對佛祖虔誠。

· 他剛加入起義軍時只是個不起眼的小兵。

· 他的心機藏得很深。

· 他的確殺掉了很多幫他打江山的大功臣。

· 他會下令剝掉貪官的皮——這也太驚悚了吧！

朱元璋開講啦

聽説當和尚可以得到免費的口糧

我出生在安徽鳳陽的一個小村莊裏，因為是家族裏的第八個男孩，所以爸媽給我取名叫朱重八，朱元璋這個名字是長大以後才改的。

小時候，我家窮得很。因為沒有自己的土地，老爸只好給有錢人家當佃戶，靠微薄的收入養家餬口。其實不光是我家，所有百姓的日子都不好過——你已經聽説過元朝的統治有多不靠譜了吧，以至於我和小夥伴們玩扮演皇帝的遊戲時……

陛下，請賞我一碗牛肉麵吧！

喂，這個要求也太過分了！

其實像這樣玩遊戲的時候並不多，因為大部份時間我都得給地主家幹活。

有一年，我的家鄉爆發了瘟疫，不到半個月爸媽和大哥就都病逝了。聽說當和尚可以得到免費的口糧（儘管都是素食），我就跑到附近的寺廟出了家。

可是好景不常，因為收成太差，寺廟裏也快沒糧食了⋯⋯

方丈解散了我們，打發我們去雲遊化緣——好吧，其實就是要飯。我流浪了三年，走過很多地方，看到了數不清的民間

疾苦，也長了不少見識。

　　那時正是農民起義風起雲湧的時候，於是我參加了郭子興領導的紅巾軍——那一年我 25 歲。

直到自己有足夠的實力跟他們對抗

　　郭子興的紅巾軍是各路起義軍裏力量最強大的一支，主要在江淮地區活動。雖然剛開始我只是一名普通的小兵，但我並不自甘平庸……

　　我頭腦靈活，作戰勇敢，每次打仗都衝在最前面，而且經常能想出打敗敵軍的好辦法。每次打了勝仗，我都會把戰利品全部上交，得到賞賜就說功勞是大夥的，把賞賜全都分掉，自

己一點兒也不留。因此，我的好名聲很快傳開了，還得到了郭元帥的賞識。

起義軍裏有很多和我一樣的年輕人，當我們聊起未來的目標時……

好吧，我承認，我說的並不是真心話，我的理想可不只是這樣而已。不過，現在紅巾軍內部並不團結，各個派系明爭暗

鬥。在這種複雜的形勢下,我不能表現得太引人注目,必須得隱藏實力,直到自己有足夠的實力跟他們對抗。

除了打仗,更重要的是爭取民心

於是,我組合起一支隊伍單獨作戰。說真的,我沒讀過書,也不怎麼尊重讀書人,總覺得在這個亂七八糟的世道,讀書根本沒前途。

有一天,一支隊伍來投奔我,他們的首領是馮國用和馮國勝兩兄弟。這支隊伍以訓練有素著稱,戰鬥力超強。他們肯來投奔我,對我來說當然是一件求之不得的大好事。

當天晚上,我擺下一桌豐盛的宴席,熱情地款待馮家兄弟。

那天晚上,我跟馮家兄弟聊了很久。沒錯,打贏不代表最後的勝利,就拿元朝的統治者來說吧,他們打仗是很厲害,但依然得不到百姓的擁戴。所以,如果想幹一番大事,想辦法得到人心才是最要緊的。

說起來,我們紅巾軍的目的是推翻元朝,這應該是很多百姓的心願。可是,百姓們提起紅巾軍又驚又怕,滿肚子意見,馮家兄弟說這是因為以往我們每攻下一個城鎮,士兵們總是到

處搶劫。聽了馮家兄弟的話，我三令五申不准騷擾百姓，但是不怎麼管用。

接下來就要攻打鎮江了，我決定想個辦法制止打劫事件再次發生。出戰之前，我故意以縱容士兵的罪名把大將徐達抓了起來，假裝要以軍法處置他。士兵們都來為他求饒……

看在你們的面子上，暫時免去他的死罪！不過，等他攻下鎮江後做到不燒不搶，我才能赦免他！

徐達是大將，又是元帥的老朋友，都差點兒掉腦袋，看來元帥這次是動真格的了，我們要小心啊！

從此，大家都嚴守軍紀，一支紀律嚴明的隊伍就這樣建立起來了。靠着這支隊伍，我很快就佔領了一大片土地，並且得到了各地百姓的支持。後來，郭子興死了，我成了元帥。

高築牆，廣積糧，緩稱王

隊伍壯大了，不能再像從前那樣蠻打蠻幹了，我開始注意結交讀書人。聽說哪裏有人才，我就親自上門聘請。如果有讀書人來找我，我一定出城迎接。在攻佔了大城市應天（今江蘇南京）以後，我還特意修建了一座禮賢館，讓投奔我的讀書人舒舒服服地住在裏面。

漸漸地，我的手下多了很多軍師，他們出了很多好主意。

李善長　　朱升　　　　其他讀書人

在他們提出的建議裏，我覺得朱升提出的「高築牆，廣積糧，緩稱王」最有道理。他的意思是讓我鞏固根據地，儲備糧草，積蓄力量。至於不着急稱王嘛，是為了避免跟其他幾路起義軍發生衝突。天下的起義軍不只我們紅巾軍一支，陳友諒和張士誠的實力也不容小覷。據說陳友諒有好幾十萬大軍，而且已經攻下了江西、安徽、福建等地。張士誠現在也不得了，擁兵數十萬，而且聽說他在百姓中的口碑不錯，輕徭薄賦，人們都挺喜歡他。要想成為所有起義軍的首領，必須先打贏他們才行。

按照朱升的建議，我分派各位將領帶領他們的士兵到各地開荒種田，沒過幾年就儲備了充足的軍糧。

和陳友諒的決戰是在鄱陽湖展開的，他實力強大，有很多厲害的大船。我利用小船靈活的長處，火攻陳軍，最終取勝，陳友諒被亂箭射死了。

張士誠躲在平江城裏不肯出來，我築牆圍城，建造了比城牆還高的木塔樓，用弓弩向城裏射擊。張士誠幾次突圍都失敗了，最後被我抓住了。

如果這些箭沒射中我，死的一定是朱元璋！

早知道這樣就不和朱元璋對着幹了！

接下來就是跟元軍的大決戰了。1368 年，我率領起義軍趕跑了北方的元朝統治者，建立了明朝，當上了明朝的開國皇帝，這真令人高興，對吧？

別管那些了，快跑！

元順帝

雖然驚悚，但的確管用

當上皇帝以後，我可沒急着吃喝玩樂、享受人生，而是集中精力治理國家。首先，我下令把土地分給百姓——因為我曾經是個窮老百姓，所以很了解土地對百姓們來說有多重要。

這是政府提供的農具、耕牛和種子！

太好了！今年不用要飯了！

公 告

戰亂期間開墾的無主土地歸耕者所有！

全部土地減免田租一年！

新開墾的土地減免田租三年！

我還興修水利，降低稅收，帶頭過節儉的日子。

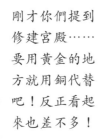

剛才你們提到修建宮殿……要用黃金的地方就用銅代替吧！反正看起來也差不多！

皇帝這麼節儉，我們也不能鋪張浪費——不過用銅也太寒酸了！

　　我的政策讓社會穩定下來，經濟開始恢復和發展。接下來我又對國家制度進行了一些改革，比如廢除了丞相這個職位，原本兩個丞相的權力現在由我一個人說了算，就連當初幫我打天下的那些功臣也大都被我殺掉了。

我絕不允許任何人威脅到我的皇權！

呸！過河拆橋！

另外，我還在全國開展了轟轟烈烈的反貪官運動，規定凡是貪污 60 兩銀子以上的官員格殺勿論。

　　其實砍頭啊，絞死啊之類的處罰在我看來還是太輕了，我喜歡把貪官的皮剝下來，在裏面填上稻草和石灰，放進現任官員的辦公室。這聽起來很驚悚，但的確管用。

　　在朱元璋的統治下，明朝總算開了個好頭。順便說一句，這位皇帝設立了一個叫錦衣衛的部門，錦衣衛的工作人員不僅負責跟蹤、調查和監督，還執行暗殺、臥底和偷聽等任務，擁有一些特權，並且只效忠皇帝一個人。

這大概就是全世界最早的特務組織啦！

歷史學家

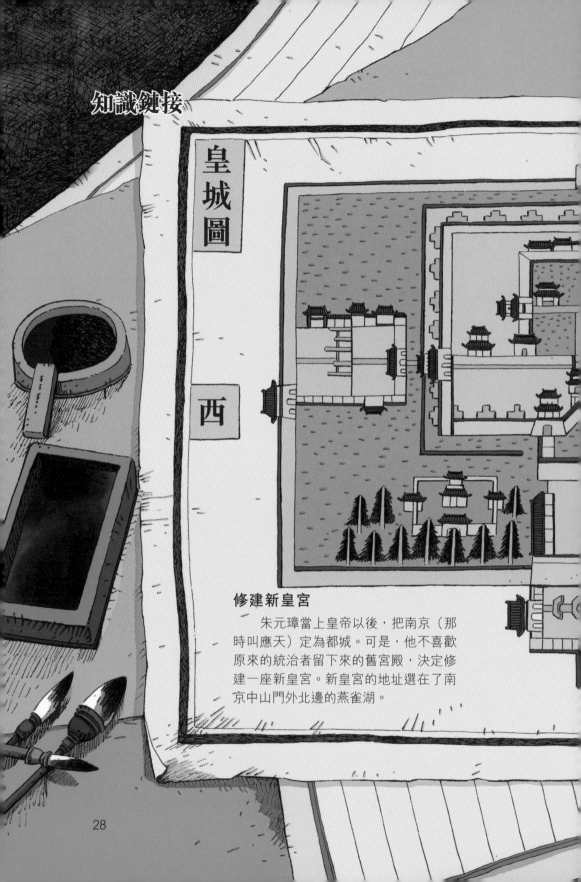

知識鏈接

皇城圖

西

修建新皇宮

　　朱元璋當上皇帝以後，把南京（那時叫應天）定為都城。可是，他不喜歡原來的統治者留下來的舊宮殿，決定修建一座新皇宮。新皇宮的地址選在了南京中山門外北邊的燕雀湖。

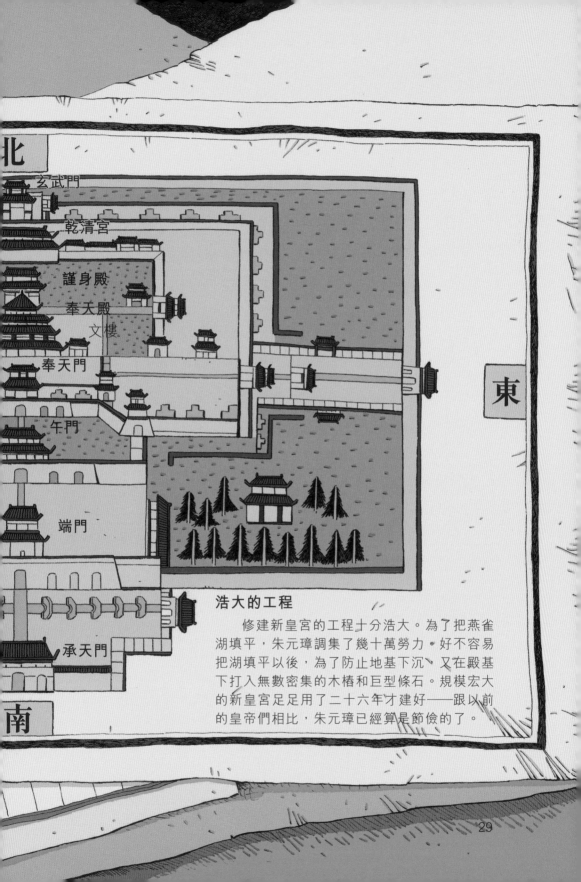

北

玄武門

乾清宮

謹身殿

奉天殿

文樓

奉天門

午門

端門

承天門

東

南

浩大的工程

　　修建新皇宮的工程十分浩大。為了把燕雀湖填平，朱元璋調集了幾十萬勞力。好不容易把湖填平以後，為了防止地基下沉，又在殿基下打入無數密集的木樁和巨型條石。規模宏大的新皇宮足足用了二十六年才建好——跟以前的皇帝們相比，朱元璋已經算是節儉的了。

貞德

法國人心中的「聖女」英雄

　　14 到 15 世紀，英國和法國發生過一場漫長的戰爭。這場戰爭斷斷續續地持續了一百一十六年，所以被稱為「百年戰爭」。

　　百年戰爭是從 1337 年開始的，但在這之前，英國和法國就已經矛盾重重。11 世紀初，法國的諾曼底公爵出兵征服了英國，從那以後，英國的每一位國王都是他的後代，也就是說，英國國王還同時兼有法國貴族的身份，這讓英國和法國的關係變得複雜極了。

　　1328 年，法國國王查理四世去世了，他沒有兒子，於是英國國王愛德華三世就以他外甥的身份要求繼承法國王位。法國人當然不希望自己的國家由一位英國國王來統治，就支持查理四世的堂兄腓力六世登基。沒得逞的愛德華三世很不服氣，乾脆自稱法國國王。腓力六世也不甘示弱，宣佈要用武力收回英國在法國境內佔領的所有土地。

　　局勢驟然緊張，而佛蘭德地區成了戰爭爆發的導火索。佛蘭德地區大致包括現在的比利時西部、荷蘭南部和法國北部，

是當時整個歐洲手工業和商業最發達的地區之一，特別是羊毛紡織業非常先進。幾十年前它被法國軍隊征服，雖然表面上成了法國的一部份，但是它基本上還是實行自治，經常跟英國進行羊毛貿易——英國的羊毛可是又好又便宜。

　　英法關係變緊張以後，愛德華三世就下令禁止向佛蘭德出口羊毛。佛蘭德的商人們為了確保原料充足，決定支持英國，承認愛德華三世是法國國王。這讓腓力六世火冒三丈……

　　法國當然不肯放棄富有的佛蘭德，而英國那邊也寸步不讓。於是，戰爭就這樣爆發了。戰爭前半段，英國佔據了絕對優勢，法國節節敗退，而法國王室對這樣的局面根本無能為力。

法國的新國王查理六世被診斷得了精神病。

王后伊莎貝拉只顧着每天打扮得漂漂亮亮去約會。

權力最大的勃艮第公爵和奧爾良公爵吵個沒完。

英國國王跟勃艮第公爵結盟，佔領了法國的一大半領土，甚至包括首都巴黎和舉行國王加冕典禮的城市蘭斯。面對這樣的敗局，就連最了不起的軍事家和大英雄也無能為力。就在這時，奇蹟出現了——一個十幾歲的小姑娘站了出來，說自己能拯救法國。

　　這個姑娘名叫貞德（1412—1431），她做了很多讓人難以置信的事，比如她曾經把假扮成普通大臣的法國王子找了出來，要知道她並沒跟王子見過面。她還帶領軍隊打贏了許多場戰爭，這非常不可思議，畢竟上戰場之前，她才剛學會騎馬而已。除此之外，她還讓法國國王順利加冕，喚起了整個法國的抗敵熱情。

　　對於這一切，英國人的解釋是：她是一個會妖術的女巫，而法國人認為她是上帝派來的聖女——就像她自己說的那樣。

下面，這位神奇的法國少女將親自為你講述她充滿傳奇色彩的故事，你必須豎起耳朵仔細聽，因為她不喜歡重複。在她的故事裏，你會了解到：

· 她宣稱自己能跟天使對話。
· 她剛學會騎馬，就騎馬上了戰場。
· 那些桀驁不馴的老兵對她言聽計從。
· 她最後被當成女巫燒死了。

貞德開講啦

我要帶領軍隊──決定了就去做

我出生在法國東部一個叫棟雷米的小村莊，在決定拯救法國之前，一直是個平凡的農家少女──紡紗和縫紉的手藝很好，不過脾氣有點兒差，並且嗓門很大。

在紡紗和縫紉方面，
我絕不比別人差。

吵死啦！

我是上帝的虔誠信徒，每天都會用很長時間做禱告。有一天，我剛剛禱告完畢，突然，眼前出現三位天使──我不是開玩笑。

他們要我拯救法國，説真的，一開始我很吃驚，覺得自己不可能做得到。

他們三天兩頭就出現，最後把我説服了。我想，在上帝的幫助下也許我能行。

你應該已經聽説了，在我生活的年代，法國在跟英國的戰爭中一敗塗地，丟掉了近一半領土。我決定遵照天使的指示上戰場，不過，你總不會指望我的爸媽同意我去帶兵打仗吧？

幸好我有一個理解我的姨丈（有人説他精神有點兒問題，不過我覺得他正常極了），他帶我去見當地的軍隊指揮官——那個男人真是粗魯。

儘管這個傢伙很令人討厭，但我還是每天都去找他——他得帶我去見王子，現在法國由王子說了算。

開頭

上帝的旨意？上帝也指示我了，讓我別相信你，哈哈！

幾天後

幾個禮拜後

天啊，她怎麼又來了！

幾個月後

我認輸了！我這就向王子彙報，看他願不願意見你！

在我的堅持下，信使終於帶回了消息，王子讓我去見他，這真是個好消息。

上帝派來的聖女——你們必須相信

我們沿路要經過很多英軍佔領的地區，我發誓我從沒害怕過。十幾天後，我終於見到了王子。

王子考慮了三個星期，最後答應了我的要求——我認為是我的執著打動了他，不過也有人說那是他在絕望中想要抓住救命稻草。無論怎樣，我的目的達到了。我有了戰馬、盔甲、軍旗和寶劍，最重要的是我還有了一支軍隊。

不過，他們看上去根本沒有士兵的樣子……

貞德的命令

現在，聖女（也就是我）向你們下達如下命令：

1．不許罵人。

2．酗酒當然也不行！

3．如果你們去教堂做禮拜，我會高興，上帝也會高興。

4．如果有誰做不到……你們試試看！

補充一句：拿起你們的武器，你們會打贏每一場仗，因為你們的首領是我——聖女。

開始，那些老兵對我的能力感到懷疑……

後來他們決定聽我的話試試——畢竟他們也沒別的辦法。

我敢說法國軍隊的士氣從沒這麼高漲過，我想現在是時候去教訓那些囂張的英國人了。

奧爾良的女兒——無可比擬的信心

這時候，英國人正在圍困奧爾良。

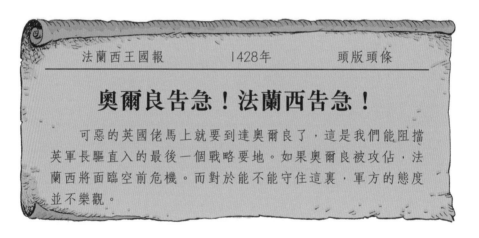

法蘭西王國報　　　　1428年　　　　頭版頭條

奧爾良告急！法蘭西告急！

可惡的英國佬馬上就要到達奧爾良了，這是我們能阻擋英軍長驅直入的最後一個戰略要地。如果奧爾良被攻佔，法蘭西將面臨空前危機。而對於能不能守住這裏，軍方的態度並不樂觀。

我帶領軍隊開向奧爾良，英軍環繞着城牆修築了許多堡壘，把奧爾良城像箍桶似的圍在中間，防守非常嚴密。大多數人都認為這是一場毫無勝算的戰爭。

我當然可以取勝——上帝會保佑我。不過在開戰之前，我得先來寫封信。我不會寫字，但我可以讓手下幫我寫好後簽上自己的名字。

英軍指揮官（我不知道你的名字，也不想知道）：
　　你要對上帝派來的聖女（就是我）表示誠意，立刻撤出法國。如果不照辦，我保證你們很快就會受到懲罰！

（能夠代表上帝意志的）聖女貞德

這封傲慢的信是誰寫的？！

他對我的信置之不理，於是我下令進攻。

必勝！必勝！

我們當然會打贏那些英國佬。

　　有人說我是個足智多謀的軍事家，但必須得承認，我完全不懂軍事。我用自己強大的精神力量讓士兵們振奮起來，取得了奧爾良戰役的勝利。

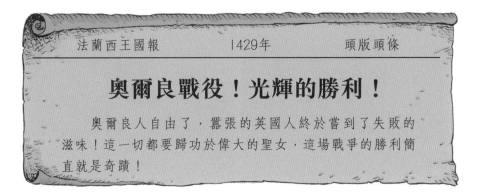

法蘭西王國報　　　　　1429年　　　　　頭版頭條

奧爾良戰役！光輝的勝利！

　　奧爾良人自由了，囂張的英國人終於嘗到了失敗的滋味！這一切都要歸功於偉大的聖女，這場戰爭的勝利簡直就是奇蹟！

從此，大家都親切地叫我「奧爾良的女兒」，並且相信我真的可以拯救法國。

永遠高舉戰旗，無所畏懼地進攻

奧爾良戰役的勝利扭轉了法國搖搖欲墜的危險局面，緊接著，我帶領軍隊繼續征戰，收復了許多領土，包括蘭斯。這下，王子終於能到蘭斯大教堂登基當國王了，他就是查理七世。

查理七世

大家都問我靠甚麼接連獲勝，我想這一定跟我的神奇預感有關──感謝上帝。

跟緊我，一會兒我會被箭射中！

哎喲！我的預言準吧？

40

除了上帝幫忙之外，我想我跟別的指揮官的確不同——他們總是有那麼多顧慮。我不懂他們說的那些戰術和佈局，我只知道如果不進攻，永遠都不可能取得勝利。下面是我的士兵對我的評價……

她非常勇敢，每次都高舉戰旗，衝在隊伍最前面。

她和她的戰旗一出現，我就會奮不顧身地跟上去。

她受傷才剛醒，就又衝上了戰場。

她身上有種形容不出的力量，就像戰神一樣。

　　我到處征戰，想把英國人徹底趕走。可是，國王查理七世（就是那個不爭氣的王子）不願意繼續打仗，於是不再支持我。在一次戰爭中，我不幸被勃艮第人抓住，他們把我交給了英國人，而查理七世根本不想救我回去。

　　英國人燒死了貞德，這讓法國人民既傷心又氣憤。他們團結起來頑強抵抗，終於在二十多年以後把英國人徹底從法國趕了出去，取得了百年戰爭的勝利。而在最關鍵的時刻拯救了法國的貞德，受到了法國人的尊敬和愛戴。

我是聖女！

知識鏈接

貞德的武器

貞德的武器除了寶劍，還有一面旗幟。

在戰鬥中，她總是高舉旗幟衝在最前面，她的旗幟出現在哪裏，英勇的法國士兵就奔向哪裏。

穿鎧甲的聖女貞德

攻城

法國人想要進攻英軍守備嚴密的城堡可不是件容易的事。他們得使用各種投石機，還得出動攻城槌和梯形攻城塔。

英軍

閘門

輕梯

攻城槌

配重式
投石機

法軍

扭力
投石機

梯形攻城塔

43

哥倫布

發現美洲新大陸的航海家

即使已經過去了五百多年，印第安人再提起這個人的時候還是滿腔怒火。

他們所痛恨的這個人確實曾給印第安人帶去了滅頂之災，而且導致了印第安文明的終結。不過，他也以正面的方式影響過世界——這個我們一會兒就會講到。

1492 年，他揚帆出海，打算穿過大西洋到東方去。雖然在他生活的年代，西方人已經開始相信地球是圓的，認為從大

西洋一直向西航行，應該可以到達遙遠的東方，不過，他只有
三艘帆船，而且每一艘都又破又舊。

　　他一路向西，本想把船駛向東方，卻意外發現了美洲大陸。
這件事的重要意義完全在他的意料之外。

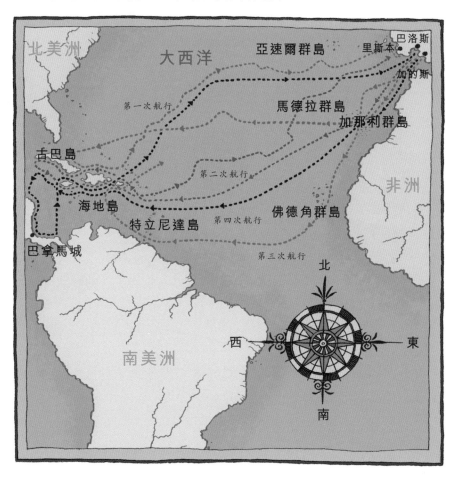

不管怎麼説，我們現在必須這樣介紹他的身份了——克里斯托弗·哥倫布（1451—1506），出色的航海家，美洲大陸的發現者。他完成了人類歷史上第一次橫渡大西洋的航海壯舉，開闢了歐洲到美洲的新航路。

這位先生先後 4 次橫渡大西洋，把美洲大陸當成了印度，以為自己到達的就是馬可孛羅在遊記裏提到的東方世界——沒錯，他一直都是馬可孛羅的忠實粉絲。不過，即使是這樣，他所做的一切也足以讓他名垂青史。他讓歐洲和美洲第一次有了持續接觸——對於美洲的居民來説，他的到來意味着殘酷的大掠殺的開始；然而對於歐洲人來説，他開啓了延續幾個世紀的探險和殖民擴張時代，影響了整個西方世界。

下面就是這位航海家先生的故事，你會看到：

· 他差點兒成為一個紡織商。

· 他當過一陣子海盜。

· 他曾經當過總督，也蹲過監獄。

·他最大的理想就是發大財，不過這倒是讓他具備了成功所需要的野心、鬥志和勇氣。

哥倫布開講啦

我從不掩飾自己是個拜金狂

我出生在意大利的熱那亞，這是地中海北部一座很重要的港口城市，每天都有數以萬計的大船在這兒停泊。不同膚色的人在碼頭附近來來往往做生意，來自東方的奇異香料和來自熱帶的名貴木材都是受歡迎的貨物。

我的老爸是個紡織工匠，經營着一家小小的紡織作坊。從小我就在那個作坊裏幫忙，我沒上過學，讀過的唯一一本書就是《馬可孛羅遊記》。那個好運氣的傢伙——我是説馬可孛羅——到過神秘的東方，他説那裏遍地都是黃金。

帶着對神秘東方的嚮往（我從不掩飾自己是個拜金狂——至少我很坦誠），我長成了一個紅頭髮、高個子的小伙子。我沒有繼承老爸的作坊，而是在一艘熱那亞商船上當船員，從此開始了海上冒險生涯。

47

有一年，我加入了一
支法國的海盜船隊——這
一點兒都不奇怪，事實上，
除了馬可孛羅，我最崇拜
的人就是北歐海盜。

在一次激烈的海戰中，我掉進海裏，抱着一塊破碎的船板
游到了岸邊——我發現我竟然來到了葡萄牙，葡萄牙的航海業
非常發達。我在這裏住了下來，學習繪製地圖和使用各種航海
儀器，還學會了利用太陽、星星來確定船的位置。我跟着葡萄
牙商船進行過好幾次遠航，還閱讀了大量天文、地理、氣象方
面的書籍——雖然不像《馬可孛羅遊記》那麼有趣，但它們讓
我獲得了不少有用的航海知識。

請認真閱讀《西班牙航海報》的中縫消息

30 歲的時候，我已經是一名經驗豐富、技術嫻熟的航海
家了。本來我可以在近海的商船上安安穩穩地當船長，但這種
平靜的生活並不是我想要的。這是我寫給托斯康內利先生的
信，他在天文和地理方面都懂得很多。

> 尊敬的托斯康內利先生：
>
> 　　看在我們同是意大利人的份兒上，請告訴我從海
> 上到達東方的最短航線——不，我並不是真的要去，
> 我只是隨便問問而已。
>
> 　　　　　　　　　　　　　　　您的朋友哥倫布

後面那句話現在看來有點兒多餘，我只是怕他也想去——

這不行，我必須第一個到達。不過，這位老先生似乎對航海一點兒興趣也沒有，他很快給我回信，告訴我橫渡大西洋是到達東方的最短航線，還附上了一幅示意圖——他真是個好人。

我認為，向西航行也能到達東方。現在我得去尋找支持者，你不會以為我能支付得起遠航的費用吧？

我首先想到的是恩里克王子，他一直掌管着葡萄牙的航海業，遺憾的是，他對我的計劃不感興趣。接着，我又到西班牙、英國、法國等國家游說，請求國王資助，然而都被拒絕了。

1492年，我再一次來到西班牙碰運氣。最近葡萄牙正在積極發展海上勢力，我想西班牙應該很想開闢一條到東方去的新航路，跟老對手一爭高下。這一次，我幸運地得到了西班牙伊莎貝拉女王的信任，不過我們就贊助條件談了很久……

我的要求不多——除了一年的糧食和10艘豪華大船，我只要求擔任新發現地方的總督並獲得當地財富的十分之一。

雖然你是個英俊、有趣、自信、知識豐富的人，但提出這種要求跟強盜有甚麼區別？

最後，我得到了六個月的糧食和3艘帆船，這些船有點兒舊，但總算有了可遠航的船。現在，我終於要起航了，這距離我開始尋找支持者已經過去了九年。

這天的《西班牙航海報》「隆重」發佈了我們出海的消息。

向西，一直向西

在剛開始的日子裏，我過得非常愉快，我的船員們也是，他們相信很快就會到達遍地是黃金的東方。

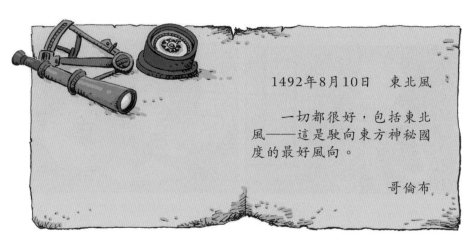

不過沒過多久，大家就對枯燥的海上生活感到厭倦了——你不能指望他們像我一樣意志堅定，對吧？

　　經過 70 天的艱苦航行，10 月 12 日，我們終於發現了陸地。儘管它只是一個面積不大的小島，但我還是激動得差一點兒昏倒。我認為這裏就是亞洲的東部邊緣（儘管後來你們說這裏屬於中美洲加勒比海的巴哈馬群島），並把這裏的土著居民稱為「印第安人」。

　　我以西班牙女王的名義宣佈小島歸西班牙所有，接着率領船員在島上休整考察，並探訪了附近的幾個島嶼，其中還包括一個叫古巴的大島。我們見到了一些新鮮的農作物，第一次品

嚐了玉米和馬鈴薯，還跟印第安人學會了編織網狀吊床——這用在船上很不錯。

我們還試着跟當地人做交易——用一枚普通的西班牙錢幣就能換到 25 磅棉紗，而不值錢的玻璃珠、小鏡子、襯衫、花布和針線竟然可以換到各種黃金製成的小飾物——這樣的買賣真是令人愉快。我留下幾十個人開採金礦，然後帶着島上的各種特產和交換來的黃金製品返航。

即使是簡單的事也需要有人去發現

回到西班牙以後，我發現新大陸的消息引起了巨大轟動。女王和她的丈夫隆重地接待了我，封我當將軍，還為我舉行了一次又一次的歡迎宴會。

不過，有些紳士似乎對我的功勞並不認同……

大陸是原來就有的，又不是他創造出來的。

沒錯，他只不過是正巧遇到了那塊大陸而已。

其實只要一直向西航行，誰都會有這個發現。

他們聲音很大，並不在乎我會聽到。於是，我從餐桌上拿起一個熟雞蛋⋯⋯

大家試了試，誰都辦不到。這時，我拿起雞蛋，一頭朝下，啪的一聲敲在桌上——雞蛋穩穩地立住了。

馬可孛羅是個騙子

1493年秋天，我再一次出發了。跟上次相比，這次出海

要風光得多——我有 17 艘船和 1,500 名船員，船隊在樂隊的伴奏下從西班牙最大的港口出發，就連女王都來為我送行。她還任命我當新大陸的總督，希望我在那兒建立一個永久的殖民地，當然，最重要的任務還是尋找黃金。

可是，這一次我只能空手而歸。因為第一次返航後我誇大了自己的發現，所以這次回來以後，大家都感到非常失望。

出發之前我對大家説……

· 新大陸有大量的黃金！
· 我留下了幾十個人挖掘金礦，我想現在已經有收穫了！
· 我對當地居民説現在他們由西班牙人統治。

真相是……

· 黃金並不容易找到。
· 留下挖掘金礦的人一無所獲，早已經跑掉了。
· 當地人對被西班牙統治的事一無所知，還跟西班牙人打了一仗。

你説過，我會看到整船的黃金！

我承認我是有點兒誇張……

甚麼

騙子！

當我提出第三次遠航的要求時，女王已經沒甚麼耐心了。不過在這次航行中，我發現新大陸南邊有一片廣闊的陸地（後來你們説那是南美洲）。我還沒來得及慶祝，就被捲入一系列

麻煩事——首先是印第安人不肯服從我們的奴役，接着是西班牙同事認為我管理不當，不配當總督。女王相信了那些人的鬼話，下令把我押回西班牙，讓我在監獄裏待了 6 個星期，還撤掉了我的總督職位。

現在我已經不是總督了，但總的來說還是個有錢人。我決定第四次出海——儘管我已經五十多歲了，視力減退，還得了關節炎，但乖乖待在陸地上簡直無聊透頂。然而，惡劣的天氣和印第安人的激烈反抗讓這次出海變成了一場噩夢，我好不容易才死裏逃生——就別提甚麼黃金了！

馬可孛羅你個騙子！你還說遍地黃金！

你自己把美洲當成了東方，怎麼能怪我？

1506 年，大航海家哥倫布去世了，直到那時，他都以為自己到達的地方就是夢想中的神秘東方。所以，他發現的新大陸只好以最先指出這裏是新大陸的探險家亞美利哥的名字來命名——亞美利加洲，簡稱「美洲」。

知識鏈接

旗艦——「聖瑪利亞號」帆船

　　「聖瑪利亞號」帆船只是一艘普通的帆船，是哥倫布首航美洲的 3 艘船中的旗艦（就是指揮艦）。不幸的是，這艘旗艦於 1492 年 12 月 25 日在伊斯帕尼奧拉島附近擱淺，並且很快就斷裂了。有關它斷裂的原因，有人認為是造船者錯加了鐵釘，致使船身受力不均。

前桅杆

攀爬繩索

酒桶

廚房

食品儲藏室

主桅杆

後桅杆

瞭望台

船長室

上層甲板

備用繩索

達・芬奇

文藝復興時期的全能型天才

　　14 世紀，許多珍貴的古希臘、古羅馬時期的作品被帶到意大利，整個意大利都被這些作品的奇思妙想征服了，所有人都成了藝術迷和科技迷。人們打着復興希臘、羅馬的古典文化的旗號，對科學和藝術等方面進行了解放和創造。這就是文藝復興，它始於意大利，逐漸擴展到歐洲，一直持續到 16 世紀。

　　意大利的佛羅倫薩是文藝復興的發源地。作為當時意大利最繁華的城市，這裏出現了三位了不起的大人物——達・芬奇、米開朗基羅和拉斐爾。

我們首先要認識的，是這3位中出生最早的列奧納多·達·芬奇（1452—1519）先生。關於他到底擅長甚麼，請看下面這封他寫給米蘭大公盧多維科·斯福爾扎的求職信。

尊敬的大公閣下：

　　來自佛羅倫薩的達·芬奇（也就是我）希望可以為閣下工作。我會製造威力十足的大炮和鐵甲車，還能建造堅固輕便的橋樑和雲梯——我想這些對您在陸地作戰很有幫助。如果您要在海上作戰，我還會製造各種適合海戰的兵船。如果戰爭停止，我可以為您進行城市規劃和設計建築，這些我都很在行。順便說一句，我還擅長繪畫和雕塑。

　　如果您認為上述任何一項我辦不到的話，我願意在您的花園或者您指定的地點證明給您看。

　　向閣下問安。

列奧納多·達·芬奇

信裏提到的那些，達·芬奇的確全都辦得到。不久以後，他收到了米蘭大公的回信——他被聘用了，但工作是……演奏七弦琴。別擔心，彈琴他也擅長。

沒錯，要想稱得上一名文藝復興人，所有領域都得懂一點兒，而達·芬奇不只是出色的畫家和雕塑家，還是科學家、發明家、哲學家、音樂家、醫學家、生物學家、地理學家和建築師……他思想深邃，學識淵博，是一個全能型天才。

我還會寫詩，天文我也懂一點兒！

下面就是這位大人物的故事，你會在故事裏發現一些令人意外的情節：

· 他讓他的老師自慚形穢，退出了繪畫界。

· 最令他着迷的事是製造飛行器。

· 他曾經從絞刑架上偷了好幾具屍體。

· 他畫出了全世界最著名的畫。

達·芬奇開講啦

令人望而生畏的盾牌和佛羅倫薩的畫室

　　我出生在佛羅倫薩附近的芬奇鎮，老爸是佛羅倫薩的一名法律公證員，老媽在芬奇鎮的一家小酒館當服務員。我是他們的私生子——我的意思是，他們並沒有正式結婚。

　　5歲以前，我和老媽生活在一起，後來老媽嫁給了別人，於是老爸就把我接到了祖父母的莊園，跟他一起住。我沒上過學，那些迷人的幾何學和有趣的拉丁語都是我自己看書自學的。其實跟看書相比我更喜歡畫畫，不過老爸覺得畫畫沒出息，他希望我學法律。

　　有一次，鄰居讓老爸幫忙到城裏請畫師畫一面盾牌。老爸把盾牌交給我，讓我試着畫畫看。既然是盾牌，那就應該讓敵人望而生畏才對。於是我用幾天時間在盾牌上畫了一個面目猙獰的怪獸。怪獸瞪着火球般的眼睛，張着血盆大口，鼻孔噴出

火焰和毒氣，樣子恐怖極了。畫好以後，我把窗簾拉上，只露出一點光，把盾牌放在有光的地方⋯⋯

1467 年，我來到佛羅倫薩拜師學藝，老爸不再反對我畫畫了，還把我送到鼎鼎大名的藝術家韋羅基奧的畫室學習——這真是太棒了！

在韋羅基奧的畫室，我的第一堂課是畫雞蛋。剛開始，我畫得很用心，可一連幾天過去了，除了畫雞蛋，根本沒別的。

我恍然大悟——沒錯，老師這是在教我觀察被畫的對象。於是，我靜下心來繼續畫雞蛋，一畫就是好幾個月，漸漸掌握了很多基本的繪畫技法。

我從沒把超過老師定為自己的目標

時間過得飛快，轉眼間我的學畫生涯就過去了好幾年，而我也從少年長成了一個性格活潑的帥小伙子——不是吹牛，佛羅倫薩的貴婦們都想邀請我共進晚餐……

不好意思，我最近忙得要命！

不久以前，老師接受了一個教團的委託，要在一座教堂裏畫一幅基督教題材的壁畫。他已經完成了壁畫的主要構圖，讓我負責畫左側兩個小天使當中的一個。

畫好以後，大家都說我畫的小天使無論造型、神態、表情還是柔和的色調，都比老師畫的人物更生動，他們說我的繪畫水平已經明顯超過老師一大截。老師覺得很丟面子——畢竟他是一位有名的藝術家啊。他宣佈退出繪畫界，從此專心雕塑。

這讓我有點兒過意不去，我從沒把超過老師定為自己的目標，我的意思是我的目標更遠大——我不僅要成為佛羅倫薩最棒的畫家，還要成為意大利……不，是全世界最棒的畫家。

事實上，我真的做到了。你大概聽說過一幅大名鼎鼎的繪畫作品《蒙娜麗莎》，沒錯，作者就是我。畫裏的那位夫人雍容端莊，嘴角帶着一抹若有似無的微笑，有數不清的人為她神秘的微笑着迷，其中就包括法國國王路易十三——他生活在17世紀，我可沒有見過他。這傢伙命令女兒們模仿畫裏的笑容，而且務必要模仿得惟妙惟肖。

順便説一句，我的名畫可不只有這一幅。我畫在米蘭一座修道院牆上的《最後的晚餐》也被公認為是世界上最出色的繪畫作品之一。

就算亞里士多德站在我面前，我也……

你已經聽説了，除了是畫家，我還是個發明家。沒錯，我有很多了不起的發明，其中一些做了出來，還有一些只是畫在了圖紙上，比如：

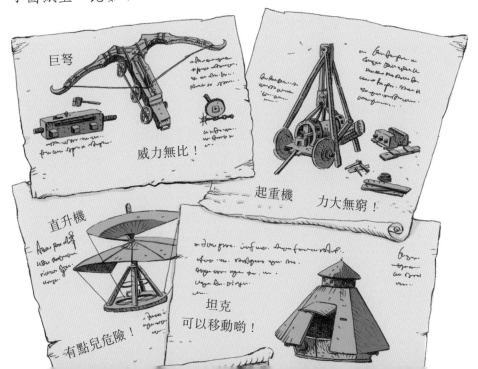

我的發明還包括一輛自動行駛車。在我生活的年代，最主要的交通工具是四輪馬車。它不僅又笨重又慢，而且如果馬匹罷工就沒辦法前進了。

　　製造自動行駛車的想法就是這樣來的。既然是自動行駛，首先要考慮的當然是動力問題。不用馬拉車，動力從哪裏來？我用兩根彈簧解決了這個問題。

　　事情當然不像他們想的那樣——只能説這些人太缺乏想像力了。我要做的是在車上安裝兩根彈簧，司機轉動車的後輪，使得各個齒輪相互咬合，讓彈簧繃緊，產生動力，然後通過槓桿把這種動力傳遞到車輪上，這樣車就能自動向前行駛了。接下來，我又製造了利用摩擦力控制車速的裝置——操控一輛車子，總得有辦法剎車才行。儘管這種自動行駛車不能行駛太長的距離，但在當時已經夠酷了。也許是因為這輛車太酷了，最後並沒有被推廣開來，但我還是為自己的想像力和創造力感到十分驕傲。

　　我的發明還包括潛水艇和一套完整的潛水裝，這本來是為了幫助威尼斯市民躲避戰爭想出來的主意。因為戰爭太頻繁，我還設計出一大堆新式武器。

另外，我還發現了慣性原理，計算出地球的直徑，擴展了槓桿的應用範圍，並研究地心引力以及空氣在肺部的運動。我從不迷信所謂的權威說法，就算亞里士多德站在我面前，我也要說地球中心說是錯的。

偷屍體的人要被燒死

作為建築師，我會設計橋樑、教堂、圓頂建築和城市下水道。我還是一名城市規劃師，我規劃的城市有寬闊的雙層路面，交通安全暢通，到處都有公園般的美景——這些在我為米蘭設計的理想城建築草圖中都有展示。我的草圖十分詳細，甚至還包括有通氣孔的馬廄。

接下來要講的事有點兒驚悚——我曾經好多次在深夜裏悄悄溜到絞刑架下，偷走屍體。我把他們用於解剖，因為我希望了解人體內部的構造。我對骨骼、肌肉、關節以及內臟器官進行了細緻的了解和繪製，發現了血液的功能和心臟的結構。我還把蠟倒進屍體裏，做出了精緻的人體模型——這麼平靜地敍述這件事怎麼覺得怪怪的？

基於對人體的深入了解，我還設計出一個人形機器人——看起來很不錯吧？

最後這兩項不是發明，而是……就算我的小怪癖吧。

我習慣從右到左書寫。 | 我發明了一種新式睡眠法。

得借助鏡子來讀我寫的東西——這樣就沒人能偷看我的日記了。

每4小時睡15分鐘，這樣一整天只睡一個半小時就精神抖擻！

人類到底要靠甚麼實現飛行的夢想

在我的一生中，最令我着迷的就是製造飛行器。

我要像鳥兒一樣飛翔！

征服天空是我的夢想！

剛開始，我認為人不能飛只是因為人比鳥少了一對翅膀。只要有了翅膀，使勁地拍打它們就能飛起來了——所有的鳥不都是這麼做的嗎？所以，我設計了一個有兩隻翅膀的飛行器。這種雙翼飛行器展開以後有十多米寬，駕駛它的人可能會有點兒忙——得用雙腳不停地踩踏一個動力滑輪，雙手還要搖動手柄幫忙提供動力，腦袋則用來控制方向。

但是，現實並沒有我設想的這麼順利。我的一個學生駕駛著這種飛行器進行了一次試驗，從高處飛下去——好吧，其實是摔了下去，弄斷了腿。後來，有很多人模仿我的設計製造飛行器，結果都失敗了。

我發現人類不可能靠揮動翅膀實現飛行的夢想——下面是我的筆記本中關於雙翼飛行器的那一頁，儘管有點兒亂，但我還是想給你看看。

雖然沒能成功飛行，但我設計出了降落傘和一種懸掛式滑翔機，而且我的設計的確啟發了一些同樣喜歡飛翔的年輕人。

保羅・科爾尼（他是第一個成功製造直升機的人）

達・芬奇在 1519 年去世，一共活了 67 歲。儘管這個年紀在他生活的時代已經算是長壽的了，但他還是有很多設計沒來得及製造出來——他的想法實在太多了。

知識鏈接

模特

「魔鬼之手」

    達·芬奇是左撇子，他習慣用左手繪畫和寫字。

繪畫架和畫板

    由木條和木板製成。

繪畫

    畫家們往往需要耐心細緻地畫上好幾天才能完成一幅畫。

畫布

畫筆

畫框

顏料

　　學徒的第
一階段是研磨
顏料塊。

油畫

　　用油彩在亞
麻布、木板或者
厚紙板上畫出的
就是油畫。

米開朗基羅

最會畫畫的雕塑家

偉大的雕塑家、畫家和建築師米開朗基羅（1475—1564）跟達・芬奇一樣，他也是文藝復興時期意大利最傑出的三位大人物之一，他的作品被大家公認為代表了文藝復興時期藝術作品的最高水平。不過非常遺憾，他的長相並不怎麼討人喜歡——在文藝復興這個講究儀容的時代，這真是一件悲哀的事。

咳咳，讓我們把重點放在別的事上面好嗎？

雖然米開朗基羅並不像達・芬奇一樣，是個各方面都出類拔萃的天才，但是，無論在繪畫還是雕塑方面，他的成就都達到了最高水平。同時，在這兩方面都特別優秀的藝術家可不多，他大概是唯一的一位。

作為一位畫家，米開朗基羅的作品完全稱得上超一流。他在西斯廷教堂的天花板和牆壁上留下的壁畫令人驚嘆，聽說教皇看到它們的時候以為基督降臨了……

不過，相對於畫家這個身份，米開朗基羅認為自己主要是個雕塑家。對於雕塑他有自己特別的看法……

同時，米開朗基羅也是一位了不起的建築師。他應邀設計了佛羅倫薩的美第奇陵墓、羅馬的聖彼得大教堂以及教皇尤利

烏斯二世的陵墓，不得不說，這些工作他完成得相當出色。

另外，米開朗基羅還創作了很多詩歌，這些詩歌清楚地表明他還是一位天才詩人。

我內心可是非常狂熱的！

無論是繪畫、雕塑、建築還是寫詩，這位先生都傾注了自己全部的激情，這讓他的作品氣魄宏大，充滿力量。人們對他就像對神一樣尊敬，沒有任何人敢挑戰他在藝術方面的權威。

他的作品是西方美術史上的最高峰！

他的藝術風格在以後的好幾百年裏都影響巨大！

他是文藝復興的代表人物，整個世紀的光榮都屬於他！

你們這麼說，是不是太不把我們放在眼裏了？

雖然這位藝術家先生不怎麼愛講話，脾氣也不好，不過，他還是願意把他的故事講給我們聽。你會在他的故事裏看到：

·他在很年輕的時候就出了名。

·他簽訂了一張無法拒絕的工作合同。

·他曾經從腳手架上掉下來，摔斷了腿。

·他的確有點兒不好相處，即使是難度很大的工作，也只靠自己一個人完成──頂多只有一名幹雜活的助手。

米開朗基羅開講啦

如果用皮鞭教育也稱得上勸説的話

　　我出生在佛羅倫薩附近的小城卡普里斯，我家是城裏的名門望族。我的老爸擔任過市長和法官，他地位很高，也非常富有。小時候，我被送到學校學習拉丁文和希臘文，還有其他一些有趣的科目，總之受到的教育挺正規。

　　6歲那年，我的老媽生病去世了。老爸工作很忙，於是就把我交給奶媽照顧。奶媽的家住在塞提雷諾鎮，這地方風景優美，盛產大理石。奶媽的丈夫是個石匠，會製作雕像。

瞧，這看起來真酷！不是嗎？我整天看他在石頭上叮叮噹噹地敲打，我想，這份工作一定是天底下最有意思的了，連他的大錘子也成了我愛不釋手的玩具。

　　幾年以後，我被老爸接回了家。他說我得繼續上學，以後當一個商人或者銀行家。我毫不猶豫地拒絕了他……

　　老爸非常生氣，因為在他看來，雕塑家並不是一份體面的工作，我作為他的兒子，應該從事更高貴的職業才對。他勸我改變想法——如果用皮鞭教育也稱得上勸說的話。不過我非常堅持，無論如何也不肯聽他的話。無奈之下，他只好把我送去佛羅倫薩學藝術——那一年我 13 歲。

我想你們的招聘可以到此為止了

　　充滿樂趣的生活開始了。我先在著名畫家多梅尼科·吉蘭

達伊奧的工作室學習繪畫，以神奇的速度掌握了繪畫的技巧。接着，我又跟隨貝托多學雕塑，貝托多是雕塑大師多納泰羅的學生，水平很高。

有一天，我正在專心雕刻……

> 天啊，這是你的作品？

這位先生是洛倫佐·美第奇。美第奇是佛羅倫薩最有名的家族，事實上也是佛羅倫薩的統治者——是啊，他們家族甚至誕生過好幾位教皇。這位美第奇先生發現了我的才華，就把我帶回了他的城堡，決定當我的支持者和養父。在這裏，我不僅被當成家族成員對待，而且還見到了佛羅倫薩各個行業的大人物們……

> 這隻烤鴨本身並不存在，我吃它，它才存在！

想法奇怪的思想家

> 閉上你的眼睛，用你的心靈去感知——閉眼！

神秘主義者

> 啊，偉大的美第奇！啊，偉大的佛羅倫薩！

有點兒瘋狂的詩人

他們激發了我對藝術的想像和熱愛，讓我大開眼界——雖

然其中也有些人很滑稽。我在這裏住了十幾年，雕塑水平越來越像一個真正的藝術家了。

後來，好心的美第奇先生去世了，我打算離開美第奇城堡，到外面的世界去看看。聽說羅馬的聖彼得大教堂正在招聘雕塑家，我立刻給他們寄去了一份申請書。

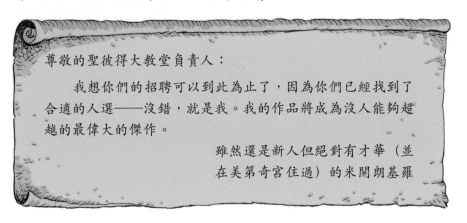

尊敬的聖彼得大教堂負責人：

我想你們的招聘可以到此為止了，因為你們已經找到了合適的人選——沒錯，就是我。我的作品將成為沒人能夠超越的最偉大的傑作。

雖然還是新人但絕對有才華（並在美第奇宮住過）的米開朗基羅

我得到了這份工作，用將近一年的時間完成了《哀悼基督》。那時我 23 歲，人們難以相信這個傑作出自一位這麼年輕的雕塑家之手，以至於我不得不在雕塑上刻下自己的名字。

《哀悼基督》讓我聲名鵲起，接下來，我又用四年時間完成了另一件雕塑作品《大衛》。你一定在哪兒見過那個健壯的青年，所有人都說它幾乎達到了完美的境界，包括那些最刻薄的評論家。

文藝復興週刊　　　　　1505年　　　　　頭版頭條

對於米開朗基羅的新作品《大衛》，我們只能用兩個字來形容——完美！而對於米開朗基羅本人，我們只能用一個字來形容——神！

我只好簽下了跟教皇的合同

因為那兩件作品，我變成了意大利最有名的雕塑家。說真的，我覺得自己最幸福的時刻是在採石廠的時候和全身心投入創作的時候。我雄心勃勃，甚至曾經計劃把一座大山做成一個巨大的雕塑。不過，我的好多計劃根本沒時間完成，因為為意大利的各位大人物（比如教皇）工作就夠我忙的了。

1506 年，教皇尤利烏斯二世交給我一個非常具有挑戰性的任務——在梵蒂岡西斯廷教堂的天花板上畫一幅壁畫。其實我並不想接受這個工作，不過……

我只好簽下了合同——他可是教皇！

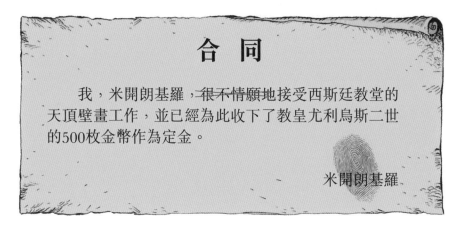

合 同

我，米開朗基羅，很不情願地接受西斯廷教堂的天頂壁畫工作，並已經為此收下了教皇尤利烏斯二世的500枚金幣作為定金。

米開朗基羅

因為這份倒霉的合同，在接下來的四年裏，我不得不每天連續十幾小時站在 20 米高的腳手架上工作。開始我招聘了一些助手，但後來只留下其中一個——我的要求可是很高的。

繪畫進度很慢，教皇總是問我甚麼時候才能完工。

雖然開始做這件事時並不情願，但全部完成以後我還是激動萬分——我一個人在 511 平方米的教堂天頂上畫出了一幅出色的壁畫《創世紀》，整幅畫裏足足包括了 343 個人物！

不過，因為在過去的四年裏總是仰着頭畫畫，現在我的頭和眼睛都低不下來了，以至於教皇派人送支票給我的時候，我只能⋯⋯

這傢伙從腳手架上掉下來，摔斷了腿

《創世紀》的問世使原本只有「最偉大雕塑家」稱號的我同時也擁有了「最偉大畫家」的頭銜，人們開始稱呼我為「神聖的米開朗基羅」。不過，我並不像達·芬奇那傢伙一樣受歡迎。你大概聽說過，他給一位貴婦畫了一幅肖像畫叫《蒙娜麗莎》。當然也有很多貴婦請我畫畫，但我都毫不猶豫地拒絕了——我只想畫自己感興趣的東西。

米開朗基羅又傲慢又固執，而且脾氣壞極了！

我基本沒甚麼朋友，除了兩個人。一位是死了丈夫的維特多利亞·科洛娜⋯⋯

我的這位朋友不怎麼喜歡女人，尤其是漂亮女人，可他喜歡我，真不知道這是幸運還是不幸。

科洛娜

81

另一位是貴族紳士托馬索·卡瓦列里。第一次見面，我就立刻被他的翩翩風度吸引了，他是我一生當中唯一的肖像作品主人公。

卡瓦列里

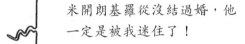

米開朗基羅從沒結過婚，他一定是被我迷住了！

有人說我愛上了親愛的卡瓦列里，也許吧。作為一位畫家，不愛上他的繪畫對象，怎麼能讓畫面充滿感情呢？

最後要說的只剩一件事了。你還記得西斯廷教堂的天頂壁畫吧？二十多年以後，我再次接到教皇的邀請（其實是命令），要我在教堂的牆上也畫上壁畫。

這一次，我同樣只有一名助手，同樣需要爬上幾十米高的腳手架……

很值得——即使是二十二年後在同一座教堂畫壁畫《最後的審判》時摔斷了腿……

哼！那也是一幅傳世名畫！

米開朗基羅的脾氣有點兒怪，總覺得有人要害他，比如給他下毒之類的，他認為自己一定活不久。不過事實上，他足足活了 89 歲——在這一點上，他毫無疑問地勝過了另外兩位大人物，嗯，他贏了。

達·芬奇　　　　米開朗基羅　　　　拉斐爾

知識鏈接

大衛

　　大衛是《聖經》中的少年英雄，曾殺死巨人歌利亞。

製作背景

　　大衛像是用一整塊大理石雕刻出來的。雕刻家多那太羅曾用這塊大理石雕刻過作品，但未完成。

運輸

　　40 個人將雕像置於塗滿油脂的滾木上，共花了 4 天時間才運達目的地。

打磨柱頂

截開厚石塊

錘子事件

　　1991年，一個瘋子用藏在大衣裏的錘子將大衛左腳腳趾砸掉了一小塊，幸虧人們及時控制了他，要不他肯定會捅出大簍子。

大衛像引起的爭議

　　大衛像的裸露曾經引起爭議，曾有人用28片銅製的無花果樹葉為大衛遮羞。

拉斐爾

最會畫聖母像的繪畫大師

意大利文藝復興時期有 3 位最出色的藝術家，除了達・芬奇和米開朗基羅，還有一位，那就是拉斐爾。

各位好。

拉斐爾・桑蒂（1483—1520），偉大的畫家和建築師。他不像達・芬奇那麼經驗豐富，博學多才，也沒有米開朗基羅那種充滿激情的英雄氣概，而且拉斐爾只活了 37 歲，但是這並不能掩蓋這位藝術家的光芒——他在比別人短的時間裏取得了和另兩位大師一樣大的成就，真是了不起。

這位先生是個不折不扣的美男子，而且比這個世界上其他任何一個人都有紳士風度，無論甚麼時候都彬彬有禮。而他的作品就像他的人一樣優雅溫和，充滿美感——這種風格似乎更符合大部份市民的欣賞品味。

瞧，達‧芬奇的作品精巧含蓄，米開朗基羅的作品雄偉壯麗，而拉斐爾的作品更親切、更平和。即使是畫《聖‧喬治大戰惡龍》這樣的戰爭題材，他也能表現得輕鬆愉快。

當然，他並不喜歡畫戰爭題材，也不喜歡表現人生的苦痛（這跟米開朗基羅非常不同），他最愛畫的就是聖母像——在他留下來的三百多幅畫裏，有四十多幅都是聖母像。他筆下的聖母又漂亮又溫柔，以至於如果在歐洲稱讚一位女士像拉斐爾畫中的聖母一樣，她絕對會認為這是無與倫比的最高讚美。

除了聖母像，拉斐爾也很擅長畫肖像。很多大人物都指定他為自己作畫，比如教皇利奧十世就說……

拉斐爾還畫了很多壁畫，其中最著名的是梵蒂岡宮的《雅典學院》。在這幅面積將近 20 平方米的大型壁畫中，拉斐爾讓柏拉圖、亞里士多德等五十多位著名的哲學家和思想家齊聚

一堂，整個畫面充滿濃厚的學術研究和自由辯論的氣氛。

有了這幅壁畫，是不是顯得我有文化多了？

　　特別要説的是，壁畫裏有一道半圓形的拱門，這可是拉斐爾在構圖上的特別考慮——他讓畫面裏的拱門和牆壁上真實的拱門連接在一起，這樣房間就像大了好幾倍一樣，看起來又壯觀又寬敞。做到這一點其實不奇怪，因為拉斐爾本身還是一位了不起的建築師。

　　漂亮的外表，斯文的態度加上驚人的繪畫才能，讓拉斐爾成了整個意大利的超級偶像。

他温暖、明亮，就像太陽一樣！

　　接下來，這位了不起的大畫家將親自為你講述他的故事，他為人親切又和氣，對別人提出的要求很少拒絕。在他的故事裏你會了解到：

　　·他的人跟他的畫一樣討人喜歡。

　　·他善於學習別人的優點，而且非常謙虛。

　　·他跟幾任教皇都關係良好。

　　·他是很多大人物眼裏最理想的藝術家僱員。

拉斐爾開講啦

拉斐爾的意思是天使

我出生在意大利的烏爾比諾，這是位於威尼斯和佛羅倫薩之間的一個小鎮。我擁有一個幸福的家庭——不算富有，但是非常溫暖。是的，我的童年沒有貧窮、爭吵或者皮鞭教育，而是充滿了愛護、肯定和安全感。事實上，爸媽給我取的名字拉斐爾，在意大利文裏就是天使的意思。

我的老爸是一位宮廷畫師，在他的影響下，我從小就愛上了畫畫。據說我還不會說話的時候就喜歡拿着畫筆當玩具，見到五顏六色的顏料就興奮得手舞足蹈。老爸把自己的繪畫技巧全都教給了我，而且總是鼓勵我探索自己的藝術風格。

我對畫畫的熱愛一直保持了下來，16歲時，為了提高繪畫水平，我進入大畫家佩魯吉諾的畫室學習。他教給我很多有用的東西，比如素描中優雅的線條、人物柔和甜美的表情和稍微彎曲的手指，還有霧靄般的樹木背景……

1504年，老師辦了一場展覽，我的作品《聖母的婚禮》也在展覽中公開展出。

必須跟佛羅倫薩眾多出色的大人物較量

21歲那一年，我來到了藝術之都佛羅倫薩。當時，達‧

芬奇和米開朗基羅都在這裏，他們受佛羅倫薩市政廳的邀請，正在為維奇歐宮的會議大廳繪製壁畫。

我看到兩位大師的作品以後，震驚得說不出話——上帝啊，天底下還有這麼偉大的作品！我必須向他們學習，不僅是達·芬奇和米開朗基羅，還有佛羅倫薩所有優秀的藝術家！

　　瞧，要成為一流的畫家，就必須跟佛羅倫薩眾多出色的大人物較量。我善於學習別人的優點，比如達·芬奇精確的構圖技法和米開朗基羅蒼勁的表現力。我通過大量的練習，熟練地掌握了它們，然後形成了自己獨特的風格，創作出最符合人們口味的作品——這做法非常聰明，對吧？

　　你看，要成為一名出色的藝術家，除了天份，還需要智慧。

無論對方是教皇還是馬車夫

　　從 22 歲到 25 歲，我在佛羅倫薩創作出了大量自己最拿手的聖母像……

　　我的名氣越來越大，很快變成了跟達·芬奇和米開朗基羅齊名的藝術家。

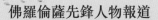

佛羅倫薩先鋒人物報道 　　　　　　　1508年

來自烏爾比諾鎮的年輕藝術家拉斐爾是一位天才，他的作品和諧地結合了以達‧芬奇和米開朗基羅為首的同代藝術家的特長，展現出一種特有的優雅。

愛心廣告：拉斐爾的最新聖母像系列畫作正在佛羅倫薩先鋒藝術家畫廊熱賣，憑本報購買可以享受9折優惠。

我在佛羅倫薩超受歡迎，我想這大概跟我溫和的性格以及誠懇的態度有關。只要我在某個地方待上 5 分鐘，就一定會交到朋友——無論對方是教皇還是馬車夫。

我最喜歡的藝術家當然是拉斐爾——米開朗基羅的確也很棒，但我實在受不了他的臭脾氣！

那天他坐我的馬車時，我對他說非常希望得到一幅他的畫，想不到他真的給我畫了一幅——用他吃意大利麵的時間！

接下來這件事不知道該不該拿來炫耀——我在佛羅倫薩的貴婦中人氣很高，完全勝過達‧芬奇和米開朗基羅。

教皇送給我一頂紅衣主教的帽子

1508 年，我接到了一封教皇尤利烏斯二世寫來的信。

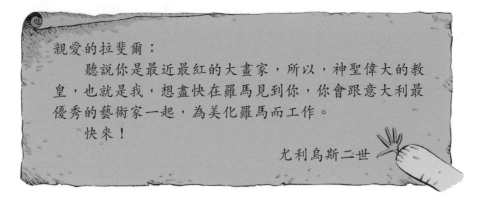

親愛的拉斐爾：

聽說你是最近最紅的大畫家，所以，神聖偉大的教皇，也就是我，想盡快在羅馬見到你，你會跟意大利最優秀的藝術家一起，為美化羅馬而工作。

快來！

尤利烏斯二世

於是，我來到羅馬，開始為教皇工作。米開朗基羅也在這兒，聽說他跟教皇簽訂了一份工作合同，正在為西斯廷教堂的天花板畫壁畫。教皇把意大利的優秀畫家都請來為他服務，不過我來到這裏之後不久，我的畫家同行們就紛紛接到了他的解聘書——除了我和米開朗基羅，其他人都被辭退了。

教皇交給我的任務是繪製梵蒂岡宮的壁畫。我一共畫了 4 組，其中就有你聽說過的那幅《雅典學院》——它後來成了我的代表作。

特別要説的是，雖然跟米開朗基羅一樣都効力於教皇，有時不得不創作一些並不情願的作品，但我跟教皇關係友好，從來都沒吵過架。尤利烏斯二世去世後，繼任的教皇利奧十世也很喜歡我，還特意送給我一頂紅衣主教的帽子。

我在羅馬住了十一年，羅馬人也把我當成他們的偶像……

在忙碌的同時請注意健康

為教皇工作佔用了我大部份時間，同時，來自各地貴族和富商們的訂畫單也像雪片一樣飛來，讓我忙得透不過氣來。

1514 年，聖彼得大教堂的總建築師布拉曼特因為生病去世了，教皇把建造教堂的任務交給了我。幾年以後，我又被任命為羅馬的文物總監，不僅要負責保護羅馬的文物，還要制訂詳細計劃，調查古代遺蹟。

我知道這項工作意義重大，所以絲毫不敢鬆懈。從上任那天開始，我每天都會帶着我的部下（他們當中有學者、畫家、工人、建築師以及文物保管員）在羅馬的大街小巷中忙碌，尋找和搶救各種文物。

越來越繁重的工作讓我在很年輕時就得到了別人沒辦法輕易得到的權力、財富和名望，但長時間的忙碌毀掉了我的健康。1520 年 4月 6 日，我發燒了——那一天恰好是我的生日，真不走運。醫生在為我診斷以後，他這麼跟我說……

先生，我聽說藝術家甚麼都不在乎，包括生命——現在，您的生命就快被您耗光了！

我在 37 歲生日那天離開了人世，這個消息震驚了整個羅馬城。羅馬人為我舉行了隆重的葬禮，教皇堅持把我安葬在最神聖的萬神殿——這可是絕無僅有的殊榮。

我的故事就是這樣了。

　　達·芬奇、米開朗基羅和拉斐爾成為出色的大人物當然有很多原因，然而，所有原因都加在一起，也比不上一樣重要，那就是……

我出生在一個偉大的時代——文藝復興時代！

説得沒錯！

知識鏈接

濕壁畫

　　濕壁畫是能保持很久的一種壁畫，14 至 16 世紀形成於意大利。作畫時先在牆上抹一層粗糙的灰泥，再在灰泥上描畫草圖，然後在上面覆蓋一層細灰泥，畫家就在這層潮濕的細灰泥上作畫。這樣畫上去的顏色容易滲入牆皮，不會輕易脫落。不過，這種畫法要求畫家用筆果斷而準確，因為顏色一旦被吸進灰泥就很難再修改。

噴「灰塵」

　　畫家的助手們通過用小煤灰袋拍打貼在牆上且鑽有小孔的草圖，將各種人物的輪廓印到牆上。

打孔

　　　　將初稿沿人物
　　外形的輪廓刺孔。

哥白尼

改變人類宇宙觀的天文學家

在 16 世紀以前的歐洲，人們在教會的領導下思想很一致，比如他們幾乎全都認為：

‧上帝是萬能的。

‧無論是地球還是人類，都是上帝創造的。

‧地球是宇宙的中心，太陽、月亮、星星都在不停地繞着地球旋轉。

這是當然的。

沒甚麼值得懷疑。

教皇說得對！

—— 瞧，他們就像一個超級粉絲團。

不過，無論哪個時代，總會出現一些勇敢而特立獨行的人，他們站出來反對既有的觀點。事實證明，這些人往往是對的。面對地心說，站出來提出反對意見的是來自波蘭的尼古拉·哥白尼（1473—1543）。

哥白尼是著名的天文學家，日心說的創始人。他改變了人們舊的宇宙觀，讓自然科學從神學中解放出來。特別要說的是，他並不是一位職業天文學家，而是一名教士。他的研究和著作都是在業餘時間完成的。

在哥白尼提出日心說以前，人們對地心說深信不疑。地心說是古希臘人托勒密在公元 2 世紀時提出來的。托勒密認為，地球靜止不動地坐鎮宇宙中心，所有天體包括太陽在內，都圍繞着地球運轉。因為他對星體位置的預言和夜空面貌的描述都很精確，所以有一大批忠實粉絲。

可是地心說不怎麼嚴密，托勒密還活着的時候就為了解釋

行星的運動軌跡而非常投入。

> 行星繞地球進行圓周運動……行星在繞地球進行圓周運動的同時又沿着自己的軌道做小的圓周運動……

而哥白尼的日心說更好地解釋了這一切。不過教會可沒那麼容易放棄自己的觀點，所以哥白尼一邊觀測和研究，一邊還要跟教會鬥智鬥勇——在那個時代，跟教會唱反調可是要被處以火刑的。

下面就是這位勇敢者的故事，你會看到他是怎麼變成了一位天文學家，又是怎麼在教會的嚴密監視下把日心說公佈出來的。另外，你還會了解到：

‧他曾經在意大利留學，還跟達‧芬奇見過面。

‧他買下了教堂的箭樓。

‧他是教會黑名單上的頭號人物。

‧他寫了一部偉大的天文學著作，不過經過了三十多年才驚險出版。

哥白尼開講啦

勤奮的無眠先生

我出生在波蘭中北部維斯瓦河畔的托倫市，老爸是當地的

102

議員。不過，在我很小的時候，爸媽就去世了，我被送到舅舅家裏，跟舅舅和哥哥一起生活——我的舅舅在教會工作。

從小，我就喜歡看天上的星星和月亮。

18歲那年，按照舅舅的安排，我到克拉科夫大學唸書。學校裏有位很棒的教授，名字叫勃魯采夫，他對天文學和數學都很有研究。在他的影響下，我對天文學產生了興趣。我用捕星器和三弧儀觀測過月食，研究過浩翰的星空，還讀了很多天文學書籍。

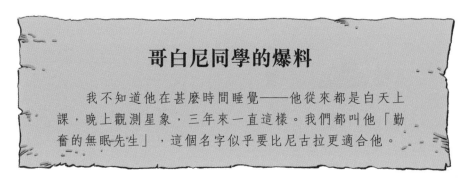

哥白尼同學的爆料

我不知道他在甚麼時間睡覺——他從來都是白天上課，晚上觀測星象，三年來一直這樣。我們都叫他「勤奮的無眠先生」，這個名字似乎要比尼古拉更適合他。

三年以後，舅舅又安排我到意大利留學，學習教會法——他要我回國以後像他一樣為教會工作，當一名教士。好心的舅舅一直資助我學費和生活費，我只好答應了他。

就這樣，我來到了意大利。這兒是文藝復興的發源地，學術氣氛自由又濃厚。我先後在博洛尼亞大學、帕多瓦大學和費拉拉大學學習，除了教會法，還攻讀醫學、神學和法律——當然，還有我最愛的天文學。我認識了好幾位出色的天文學家，跟他們學會了天文觀測技術以及古希臘的天文學理論。

我的愛好非常廣泛，甚麼都願意學一學，於是漸漸變成了一個多才多藝的人……

精通醫術　　　地圖測繪高手　　　畫家　　　機械製造達人

順便說一句，我還有幸認識了偉大的達‧芬奇。

哥白尼？那個看起來有點兒憂鬱的年輕人？

快活的留學生涯持續了十二年，最後，我獲得了教會法博士學位，回到了波蘭。

不用買贖罪券這種沒用的東西

按照事先說好的，我在費勞恩譯格大教堂擔任教士。和同事們相比，我似乎有點兒不務正業。

有一天，報紙上刊登消息說，最近將出現一次罕見的天文現象——土星和木星會合。

教皇聖諭（公開）

世間的人們罪惡深重，上帝將降臨懲罰——兩星會合就是他的旨意。懲罰降臨之日，瘟疫流行，國家崩潰，洪水淹沒一切。如果你想躲過這次劫難，讓上帝原諒你的過錯，那麼只有一個辦法——購買贖罪券。

是的，它有點兒貴，但如果有了贖罪券，我保證上帝將在諾亞方舟上給你留一個位置，所以這是值得的。

贖罪券唯一指定經銷商：教會和各地教堂（請與當地教士聯繫）。

前100名購買者將享受9折優惠。

而這一份是我接到的教皇密令。

教皇聖諭（保密）

每個教士至少要賣出1000張贖罪券，並將所得的98%上交給教會，剩下的2%作為對個人的獎勵。

所有教士都接到了這道密令，因為教皇要靠我們賣贖罪券發財。雖然我是教士，但我認為教皇的說法不對——星星的運行並不是上帝的旨意，而是可以預測的自然現象。為了證明這一點，我和幾個朋友進行了觀測，準確地預測出了兩星會合的時間——比皇家天文學家們的預測更準確（他們都是聽命於教皇的懦夫和笨蛋）。

我告訴教區裏的居民，不用買贖罪券這種沒用的東西。

我保證甚麼事都不會發生。如果你得了感冒，不要認為是上帝的旨意，多穿衣服就好了。

怎麼比預計的少？甚麼？因為哥白尼一張贖罪券都沒賣出去？來人，去調查一下這是怎麼回事！

從這時起，我上了教會的黑名單。不過，我對天文學更着迷了。

箭樓上的天文觀測者

為了研究方便，我買下了教堂的箭樓。這座箭樓本來是作戰用的，我把它改造成了我的住所和工作室。通過工作室的窗口可以看到四面八方的天象，而露台上的視野就更開闊了。

我在這裏住了三十多年，每天都觀察太陽、月亮和星星的

運動並記錄下它們的位置——當然沒有望遠鏡，也沒有計算機。這在你看來也許很枯燥，但我覺得有趣極了。

瞧，這些都是我製造的儀器——儘管看上去有點兒簡陋，但它們確實能幫我看清楚夜空。

下面這位是我的管家安娜，她真的非常能幹。

把教士先生的觀測記錄按照時間排列，並一頁不缺地保存下來是我的主要工作——這比做飯和收拾房間重要得多。

觀測日記

寒冷的冬夜是最好的觀測時機——就像今天這樣，天空沒有雲影，星星閃爍着耀眼的光。安娜給我準備了厚厚的皮襖和風帽，我把儀器搬到露台上，準備幹個通宵。

乞嚏！這該死的鬼天氣，實在太冷了！

你已經聽說了，在我的年代，所有人都相信地心說。剛開始，我只是想對托勒密的說法做一些補充和修正，不過通過研

究我驚奇地發現，也許太陽才是宇宙的中心──沒錯，如果把太陽看成宇宙的中心，一切就合理多了。

我們都有這樣的經驗──船向前開動，船上的人不覺得船動，反而覺得是岸邊的陸地和城市在後退。

同樣的道理，地球在轉動，地球上的人不覺得地球在動，反而覺得是太陽、月亮和星星在繞着地球轉動。

不不，這種想法太可怕了，完全違背了常識，教會的教士明明不是這麼說的。可是經過認真的觀測和分析，我覺得我是對的。我按照自己的想法開始寫一本書，書名很低調，叫《天體運行論》。

教會黑名單上的頭號人物

你一定認為我寫好就立刻出版了這本書，對不對？要知道，在我們這個時代可沒甚麼言論自由，如果瀟灑地說一句「讓地心論見鬼去吧」，得到的下場大概是……

火刑！立即執行！

我不怕死，但我擔心沒有機會讓大家知道我的觀點。

只要它一出版，我就燒掉！

這位暴躁的先生名叫霍茲烏施，是宗教裁判官，後來他還當上了波蘭大主教。他禁止印刷沒經過教會審查的書籍，可疑的書籍一律焚毀，不許任何出版物跟羅馬教廷的觀點相違背。我那本書還沒寫完的時候，他就已經盯上我了。

哥白尼那傢伙整天在箭樓上幹甚麼？派人去看看！

他整晚沒説一句話……

也許他是個詩人吧？

　　雖然當時受到教會的監視和恐嚇，但我沒有因此放棄自己的研究，還是夜以繼日地觀察天體的運行，反覆運算，我堅信自己是對的，並希望我的書有朝一日能出版……

　　《天體運行論》在1514年終於寫好了，那時候我剛40歲。不過，因為被盯得太緊，過了將近三十年，它才有機會出版。在這段時間裏，教會聽到消息，無數次地找我麻煩……

教皇聖諭

哥白尼教士：

　　　　請在24小時之內辭退你的管家安娜——相信讓她做管家並不是上帝的旨意。

上帝管的也太多了吧？

而下面這封信是狡猾的霍茲烏施寫給我的：

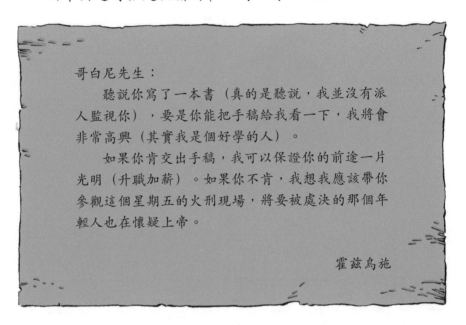

哥白尼先生：

　　聽說你寫了一本書（真的是聽說，我並沒有派人監視你），要是你能把手稿給我看一下，我將會非常高興（其實我是個好學的人）。

　　如果你肯交出手稿，我可以保證你的前途一片光明（升職加薪）。如果你不肯，我想我應該帶你參觀這個星期五的火刑現場，將要被處決的那個年輕人也在懷疑上帝。

霍茲烏施

這樣的信我收到很多，無論是哄騙還是威脅，我始終都沒交出手稿。教會只好派人監視我的一舉一動，直到……

他們可不知道，我已經悄悄地把書稿寄給了一個靠得住的出版商。

1543 年 5 月 24 日，《天體運行論》終於印好了。這時我已經病得非常嚴重，我把手放在書的封面上，欣慰地閉上了眼睛。

教皇您老人家就生氣去吧，反正我死都死了。

《天體運行論》出版以後，日心說漸漸取代了地心說，被越來越多的人接受和支持——真理就是真理，教會再反對也沒有用。

支持哥白尼！支持日心說！

我也覺得哥白尼說得對！

沒有任何一種見解能夠跟日心說相比！

布魯諾　　　　伽利略　　　　歌德

知識鏈接

月亮

　　月亮並不會發光，是太陽把它照亮了。當太陽把月亮向着地球的一面全部照亮時，我們看到的就是一輪滿月；如果只照到一部份，我們看到就是彎月。

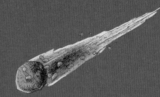

流星

　　夜空中比較容易看到流星，它們會像一道光線在一瞬間消失。

行星

　　行星通常指自身不發光，繞恆星運行的天體。行星的英文寫作「planet」，在古希臘語中的意思為「徘徊者」。

彗星

　　彗星有一條尾巴，但是不太明亮，所以肉眼不容易看到。

吳承恩

中國古代最棒的神話小說作家

在本篇主角登場之前，我們先來玩一個遊戲吧。拿起筆，
把下面 4 組文字和 4 個剪影連起來，讓它們一一對應。

機智勇敢，
本領高強，
嫉惡如仇，
敢做敢當，
是個了不起
的大英雄。

信念堅定，
心腸軟，但
刻板迂腐，
優柔寡斷，
撒手鐧是唸
緊箍咒。

好吃懶做，
怕困難，愛
佔小便宜，
喜歡美女，
不過本性很
善良。

憨厚老實，
任勞任怨，
忠心耿耿，
不過超級沒
主見，循規
蹈矩。

你一定覺得很簡單對不對？或者還要說上一句「這幾位老
兄，我可熟得要命」。沒錯，他們就是神話小說《西遊記》裏

大名鼎鼎的取經四人組。

除了取經四人組，《西遊記》裏還有……

接下來我們要認識的，就是這個神話世界的創造者——吳

承恩（1500—1582）。

　　這位吳先生生活在中國的明朝，作為一位大名鼎鼎的才子，作詩填詞他都不在話下，而且他還擅長繪畫和書法。不過，因為他寫了這部厲害的小說，他其他方面的成就全被掩蓋了。

　　事實上，《西遊記》並不完全是他原創的，而是他在很多民間傳說的基礎上整理加工寫出來的。古代人喜歡詩詞歌賦、聽書學曲，對小說並不感興趣，所以在很長一段時間裏，大家都不知道《西遊記》的作者是誰。

　　《西遊記》寫的是唐僧師徒歷經九九八十一難，終於到達西天取得真經的故事，故事裏的人物個個性格鮮明，栩栩如生，有一大群忠實粉絲。所有人都認為它是中國古代四部最好看的小說之一，把它排進了四大名著（另外 3 部是《紅樓夢》《水滸傳》和《三國演義》）。它被翻譯成十幾種文字在全世界流傳，就連外國人也很喜歡。

　　下面就是作者先生的故事，你會在他的故事裏看到：

　　·他考運不濟，多次落榜。

　　·他是書商最愛的顧客。

· 他只當過小芝麻官，並且不討上司喜歡。

· 他直到八十多歲才寫完《西遊記》。

吳承恩開講啦

鬼怪故事愛好者

　　我出生在江蘇淮安，據説爺爺曾經當過官，不過到了爸爸這一輩，我家已經變得很窮，爸爸只是個本份的小生意人，我們全家靠一個小商舖維持生活。

　　生意清淡的時候，爸爸經常帶我到附近遊玩。每次到寺廟參觀，看到佛像和壁畫，他都會講神話故事給我聽。故事裏的神仙和妖怪讓我着迷，聽多少次也不覺得膩。

過了幾年，我到了讀書識字的年紀，爸爸把我送到學校去讀書——就像其他父母一樣，他也希望我認真讀書，以後考取功名做大官。不過，我並不喜歡老師教的那些死板的文章，常常在課堂上開小差……

你又在課堂上看這些荒唐的鬼怪小說，它們能幫你取得功名嗎？

本學期被沒收的第70本小說了……

　　大概是因為小時候爸爸給我講的那些故事吧，我一直特別喜歡看有關鬼神妖怪的小說。不過就像老師說的一樣，如果想考取功名，背那些四書五經才有幫助，看小說根本沒有用。

　　不過別擔心，我還算聰明，有過目不忘的本領。雖然大部份時間都拿來看小說了，用心唸書的時候並不多，但我的學習一點兒都沒落下。而且，我擅長作詩填詞，愛好書法繪畫，對圍棋也很精通，是附近有名的才子。提到我的名字，鄰居們都這麼說……

這孩子以後一定能中狀元，當大官！

　　長大以後，我娶了同鄉的葉姑娘當太太，我們感情很好，日子過得舒舒服服。有一年，淮安知府創辦了一座書院，邀請

我去書院讀書。我的才華讓知府大人大加讚賞，推薦我參加科
舉考試。

遠近聞名的才子名落孫山

現在來普及一點有關科舉考試的知識吧，科舉考試分為鄉
試、會試和殿試三級，不過在那之前要先通過當地舉行的院試，
成為生員（也就是常說的秀才）才行。

1531年，我順利通過院試，以出色的成績獲得了生員資格。
接下來，就是考鄉試了。鄉試每三年一次，在各地的省城舉行。
我和好朋友朱日藩、沈坤結伴去南京趕考……

我自信滿滿地參加了考試，沒想到發榜那天，朱日藩和沈
坤都榜上有名，特別是沈坤這傢伙竟然名列第一，而我這個遠
近聞名的大才子卻……

這件事對爸爸的打擊比對我的打擊還要大，第二年，他就帶著遺憾去世了。我打起精神，足足用了三年功，又一次去參加鄉試，然而我還是沒考中。

在考試卷上寫神話故事被看出來了？

一次失利還可以怪運氣不好，但接連兩次失敗，大家就開始懷疑我的實力了。以前那種讚美再也聽不到了，取而代之的是一片嘲笑。這種落差讓我的心情變得很糟糕，我生了一場重病，過了好幾個月才痊癒。

病好以後，我做的第一件事就是……

我再也不想見到你們了，拜拜！

（玩火危險，請勿模仿！）

如果你想知道我一天到晚都在忙些甚麼

我可不是開玩笑，既然沒有考試運，我決定從此不再參加科舉考試了。我從來沒懷疑過自己的實力，我想，寫死板又枯燥的文章對我來說並不合適。至於以後嘛，我打算按照自己的興趣生活。

如果你想知道我一天到晚都在忙些甚麼……

藏書館的會員

老人家眼裏的纏人精

盜版書商的大客戶

説書藝人的忠實粉絲

這樣的日子很自在，不過養家餬口成了大問題。除了老爸留下的遺產，我還可以以生員的身份每個月從學府領到6斗米，偶爾還能賣出幾幅字畫，除此之外就再也沒有其他進項了。我家變得越來越拮据，以至於……

我早就不想幹了

56歲那年,我得到了一份工作,到浙江長興縣當縣丞。這是個很小的官,差不多相當於縣令的秘書。

雖然出道有點兒晚,但我還是決定好好幹,一定要當個清官。果然,百姓們都對我讚不絕口——

吳大人,我們想聘請你當保安堂眼藥水的形象代言人。

微服私訪!

您總穿得這麼樸素,跟那些大貪官一點兒也不一樣!

娘子,我們家糧食還有富餘吧?

又要捐給誰?

可是,我的頂頭上司對我很不滿意。

縣丞吳承恩的年度考核報告　評定人:縣令

· 性格莽撞。（竟敢跟我頂嘴！）
· 做事刻板。（這麼久你從來都沒給我送過禮！）
· 為人迂腐。（我娶九姨太關你甚麼事,說我好色？）
· 濫用職權。（你管得太多了,事情都讓你做了,我這個縣令還做甚麼啊？）

結論:明年不再聘用。

你被辭退了！

我早就不想幹了,哼！

我想出了一個了不起的寫作計劃

我回到家鄉，又過起了平民生活。有一年，皇帝一時興起，說要南巡……

公 文

皇帝出巡，為了接駕，在明天午時之前：
· 每戶必須交出10兩銀子、兩隻雞、一隻鵝。
· 所有年輕姑娘到縣衙報到，排練節目迎接皇帝。
· 所有壯年男子到河岸報到，充當縴夫。

衙門又是徵錢又是徵物，鬧得百姓家裏雞犬不寧。正好這時候，鄰居請我在一幅畫上題詩。那幅畫畫的是二郎神降妖捉怪，想到欺壓百姓的官員，我就寫了一首大英雄為民除害的詩。

等等……大英雄為民除害？我突然想出了個了不起的計劃。

吳承恩的寫作計劃

· 民間流傳玄奘取經的故事，不過情節不怎麼好看。我可以把它蒐集起來，加進自己的想像，寫一部神話小說。
· 主角當然是一個神通廣大、為民除害的大英雄。
· 順便諷刺一下昏庸的皇帝和欺壓百姓的官員。

《西遊記》不只是神話故事

就這樣，我開始了《西遊記》的創作。不過，如果你以為《西遊記》只是個神話故事可就錯了……

故事裏，天宮表面挺神聖，其實最高統治者玉帝昏庸無能。

現實中，皇帝表面很威嚴，其實只顧吃喝玩樂。

來人！救命！

美人兒，唱個小曲兒給朕聽聽！

故事裏，地府看上去森嚴，實際上欺軟怕硬，貪贓枉法。

現實中，衙門號稱公正，實際上貪贓枉法，百姓有冤難申。

你要給閻王府贊助？好，讓你多活幾年吧！

老爺，他家送來了2000兩黃金，你看他的死刑……

無罪釋放！

故事裏，妖魔鬼怪仗着法術高強無惡不作。

現實中，豪紳惡霸仗着錢財勢力欺壓百姓。

我要100個童男童女的心肝煉丹！

我要100個漂亮姑娘給我做小老婆！

包括玉皇大帝在內，《西遊記》裏簡直沒一個稱職的皇帝，他們狂妄自大，昏庸無能，寵信妖怪，不是昏君就是暴君。你大概看出來了，這正表達了我對現實社會的不滿——直接罵皇帝可是要被砍頭的，我的做法很聰明吧？

我的故事就講到這裏，因為我還要接着寫《西遊記》呢。

吳承恩直到八十多歲才寫完了整部《西遊記》，之後不久就去世了。他的一生沒有中過狀元，沒有當過大官，也沒有因為這部書出名或發財。不過，出色的作品從來都不會被埋沒，後來《西遊記》被認為是中國古代最棒的一部神話小說。

是這樣嗎？真是太好了！

知識鏈接

玉皇大帝

天蓬元帥

蟠桃會

傳說三月初三是王母娘娘的誕辰,每到這一天,眾仙就要趕到天庭去為王母娘娘拜壽,王母娘娘則設宴招待眾仙,席間就有九千年一結果的蟠桃,這就是蟠桃會。

蟠桃會是一次盛大而莊嚴的仙家聚會,不容出現一點兒差錯。在《西遊記》中,捲簾大將因為失手打破了一個琉璃盞,被罰落人間,成為了後來的沙和尚;天蓬元帥則因為酒後失檢,被罰轉世投胎,成為了後來的豬八戒。

太白金星

南極仙翁

哪吒

捲簾大將

太上老君

127

李時珍

被稱為「藥聖」的醫藥學家

中國明朝時候，湖北蘄州有位神醫，大家除了一致認為他醫術高明之外，窮人和富人對他的評價卻褒貶不一。

李大夫心腸最好了，聽說誰生病，第一時間就趕來診治，我們付不出診金他也從不計較。

那位李大夫可沒這麼好心，前天我肚子不舒服，三請五請他都不肯來。

辨護

窮人代表張三

富人代表劉財主

那是因為你吃得太多，餓一頓就好了，還用看醫生？

不過，這一帶的富人們也沒有機會抱怨太久，因為這位神醫不久以後就出門採藥去了。很多年以後，他編寫出一本了不起的大部頭著作，叫《本草綱目》。

現在，我們就來跟這位神醫正式認識一下吧。

姓名：李時珍（1518—1593）

職業：醫藥學家，被稱為「中國藥聖」

李時珍最偉大的成就當然是那部大名鼎鼎的《本草綱目》。他編這麼一部書，是因為在他以前，雖然各類醫書也有不少，但記載混亂，有很多錯誤，醫生們按照醫書給病人看病、開藥方，經常會誤診，甚至發生醫療事故，以至於百姓們都說……

找醫生看病？還不如去求老天爺！

是啊，醫生越看越壞，還說是醫書的錯！

而且他們還不承擔醫療責任！

如果不把這些錯誤糾正過來，恐怕會害更多人的性命！

沒錯，李時珍的目的就是編寫一部靠得住的醫書。《本草綱目》有 192 萬字，記載了 1,892 種藥物和一萬多個藥方，還附有一千多幅插圖。要知道那時候沒有電腦和網絡，當然也沒有搜索引擎，只能靠一點點考察、辨認、對比和累積，真的非

常了不起。而且,李時珍做這一切的時候並沒有耽誤行醫治病,至於他的醫術,傳說(可信度很高)他曾經救活過已經停止呼吸的人——在那人被放進棺材,抬去墓地的路上。

那是因為我注意到棺材裏滴出的是鮮血而不是瘀血,所以斷定人還有救。不過我去攔抬棺材的人時,大家還以為我是個瘋子呢!

下面就是這位藥聖的故事,你會看到:
· 他在背藥名方面很有天賦。
· 他辭掉了太醫院的高薪工作。
· 他偷過道觀的果子。
· 為了編醫書,他走了上萬里路。

李時珍開講啦

陳皮人參金銀花

我出生在湖北蘄州的一個醫生世家,爺爺和爸爸都是醫生。瞧,下面就是我每天生活的地方。

房間裏到處都是醫書和藥材。

院子裏種滿能當藥材的花花草草。

每天都有很多人來找爸爸看病。

在這樣的環境裏長大，我當然也變成了一個醫學愛好者。不過，爸爸並不想讓我當醫生，因為在我生活的年代，醫生是個地位不高的職業，經常被人跟算卦先生相提並論，而且賺錢也不多。他希望我考取功名，以後當大官。

爸爸給的書單
四書五經、《八股文優秀樣文》《考場應對實錄》《狀元速成》。

在我 12 歲那年，爸爸抱來一堆書給我看。這些書很無聊，但我還是聽爸爸的話，認認真真地唸了兩年，然後中了秀才。爸爸很高興，讓我繼續讀書，接着考鄉試。不過……

八股文可真無聊……

陳皮、人參、金銀花！還是醫書有意思！

我經常偷偷看醫書，所以連續三次都在鄉試中落了榜。說來也怪，我記不住那些枯燥的八股文，但是特別擅長記拗口的藥名和藥方——那要比你背的英文單詞難多了。

木瓜二錢、官桂三錢、
柴胡三錢、當歸二錢、
熟地三錢……

爸爸見我是真心熱愛醫學，終於答應讓我當醫生了——這真是太棒了！

請允許我在您府上的藏書閣看書

有一年，蘄州發生了水災。洪水過後，瘟疫開始蔓延。你知道瘟疫吧？那是一種傳染病，如果不及時治療，人們就會一個傳染一個，最後都病倒。聽到消息，我立刻背起藥箱，衝到瘟疫最嚴重的地方救治百姓，總算把兇猛的疫情壓制住了。

表 彰

因為在水災過後的傳染病救治工作中發揮了重要作用，所以特授予李時珍「先進醫生」稱號和「救死扶傷」錦旗一面。

蘄州衙門

除了到處看病，我還想方設法提高醫術。爸爸已經把他會的東西都教給我了，於是我就找各種醫書自學。不過，很多珍貴的醫書都被有錢人收藏起來了，書店裏根本買不到。就在我為這件事苦惱的時候，好機會來了。

如果你治不好我的寶貝兒子，我就砍掉你的腦袋！

　　不過，我所説的好機會可不是被殺頭。介紹一下，這個暴躁的老頭是住在武昌的楚王朱英㷿，他是皇帝的親戚，位高權重，家裏有一座了不起的藏書閣。他的兒子得了急病，好幾位醫生都束手無策，聽説我醫術高明，他就把我請到了王府。我沒讓他失望，真的把他兒子的病治好了。

本王賞你白銀 500 兩，美女 12 個！

我不需要白銀和美女，如果您允許我在您府上的藏書閣看書，我將不勝感激。

　　楚王答應了我的要求，從此我白天給人看病，晚上就到楚王府的藏書閣裏埋頭苦讀。

新來的太醫腦筋有點兒不正常

　　有一年，皇帝發佈了一道命令，要求各地官員推薦當地名醫去皇宮工作。楚王推薦了我，於是，我進入太醫院，當上了御醫。

　　説起來，御醫是個八品小官，不過跟官職相比，能待在太醫院更讓我高興。這裏有最豐富的醫書和最齊全的藥材，甚至

很多藥是國外進貢的，平時難得一見，讓我大開眼界。

有一天，我下班回家的時候，聽到街上傳來一陣吵鬧聲。

　　我看了他的藥方，發現的確用的不對。不過這也不能全怪醫生，因為醫書上真的是這麼寫的，是醫書出了錯。事實上，類似的事已經發生過好幾次了，我突然冒出一個想法——既然以前的醫書錯誤太多，那為甚麼不編一本新的呢？

　　回到太醫院，我向上司提出了這個建議。然而，上司說整個太醫院的人都知道，皇帝把各地名醫召集在一起，是為了煉長生不老藥，編醫書又麻煩又不討好，根本沒必要。

　　我可不想就這麼放棄，於是直接去找皇帝……

真遺憾，皇帝只對長生不老感興趣，根本不理會我的提議。我覺得繼續待在太醫院簡直是浪費時間（反正太醫院的藏書我已經都看完了），於是辭職回到了家鄉。

到深山和田野裏去

回到家鄉以後，我開了一家診所，一邊給人看病，一邊開始編寫新醫書。

開頭，因為準備充份，一切還算順利——我手邊有八百多部醫學典籍做參考，還有好幾大箱積累下來的資料。可是編着編着，我發現問題越來越多。醫書上提到的很多藥材，有的藥名混雜，有的同一種藥有幾種解釋，有時還互相矛盾，不知道哪種才是對的。就拿一種叫遠志的藥物來說吧，南北朝的陶弘景說它有乾燥的長莖，葉片很小；而宋代的馬志卻認為它長着

小圓葉，還責備陶弘景根本不認識遠志。

要弄清楚這些問題，坐在家裏是不行的。於是，從1565年起，我離開家外出考察，到深山和田野裏去，拿着書本實地對照，仔細辨認，弄清了不少含混不清的藥材。一路上，我還到處收集民間偏方，把遇到的農夫、漁民、礦工、樵夫、獵人和車夫都當成朋友和老師，跟他們學到了很多書上沒有的知識。

下面這樣的考察日記我寫了很多……

1566年3月8日　　暴雨

今天，我和一位老農一起在一間破廟裏躲雨，他告訴我芸苔其實就是油菜，治病很常用。關於這件事，醫書上從來沒有過記載。

1568年5月22日　　晴

今天我投宿在一個驛站，遇見了幾個趕車的馬夫。他們圍着一口小鍋，鍋內煮着連根帶葉的野草。他們告訴我，這種野草叫旋花，煮湯喝有舒筋活血的功效。

另外，我還因為發現了曼陀羅花而製成了麻醉劑。

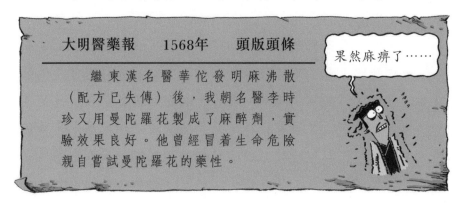

大明醫藥報　　1568年　　頭版頭條

繼東漢名醫華佗發明麻沸散（配方已失傳）後，我朝名醫李時珍又用曼陀羅花製成了麻醉劑，實驗效果良好。他曾經冒着生命危險親自嘗試曼陀羅花的藥性。

果然麻痹了……

真想親眼看到《本草綱目》出版

有一天，我路過一家茶館，聽說了一件新鮮事。

於是，我千辛萬苦來到太和山，爬到了山頂上。山頂真的有棵果樹，結出的果子看上去的確挺稀奇。想來這就是那人所說的仙果榔梅了，我剛要摘一個仔細看，旁邊的道觀裏突然衝出一個小道士⋯⋯

當天晚上⋯⋯

　　瞧，我拿到了仙果。我把它帶回去研究，結果發現這不過是將梅嫁接於欏樹得到的一種果子，名叫「欏梅」。除了解渴，根本沒甚麼特殊功效，而且味道還不如普通的桃和杏好。

　　就這樣，我到處考察，足跡遍及大江南北，行程總共有兩萬餘里。

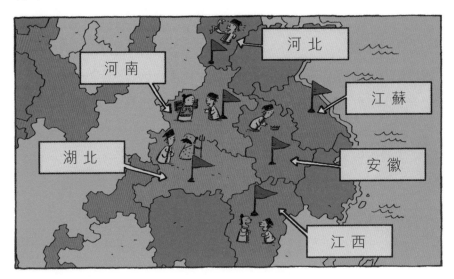

　　經過不懈的努力，我終於在 1578 年完成了初稿，給它取

名叫《本草綱目》。在這之後，我又用十年時間對它進行了修改和加工，讓它盡可能地沒有錯誤。為了這本大部頭醫書，我從頭到尾用了總共四十年。1593年，我死去了，三年以後，《本草綱目》正式出版。

這個果子味道奇特，不知道藥性怎樣？可惜我再也不能把它記入《本草綱目》了！

　　《本草綱目》不僅包括醫學和藥物學知識，還涉及到植物學、動物學、礦物學、化學等很多科學領域，內容很豐富。正式出版以後，它很快成為超級暢銷書，被翻譯成十多種文字在全世界流傳。你一定聽説過下面這位先生……

我很喜歡看《本草綱目》，它是中國了不起的百科全書。

達爾文

知識鏈接

雀啄灸
　　點燃艾條靠近患者的施灸部位，有灼痛感就立即提起來。這種一上一下的動作就像啄米的麻雀，所以叫雀啄灸。

砂鍋
　　中藥要用砂鍋來煮，藥效才好。

針灸銅人

　　有孔穴通到銅
人體內，在孔穴旁
還註有穴位名稱，
是針灸教學用的。

針灸

　　醫生將針刺
入穴位，能起到
鎮痛和治療某些
疾病的作用。

藥碾子

　　好多中藥
得放在藥碾子
裏碾碎以後才
能用。

伊利沙伯一世

締造英國黃金時代的女王

英格蘭女王伊利沙伯一世（1533—1603）不管做甚麼事都會受到很多人的關注。作為都鐸王朝第五位，也是最後一位君主，她不僅成功保持了國家的統一，還讓英格蘭變成了當時歐洲最強大的國家。

這位勤勉的女王所在的都鐸王朝是英國的一個歷史朝代，統治區域包括英格蘭、威爾士和愛爾蘭。在伊利沙伯剛當上女王的時候，她的國家正處於宗教分裂的混亂狀態——天主教教徒和新教教徒打得頭破血流，他們都認為自己才是上帝的正牌

子民，而對方是冒牌貨。

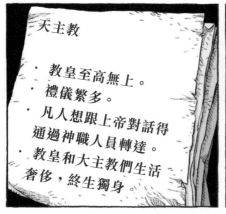

天主教

· 教皇至高無上。
· 禮儀繁多。
· 凡人想跟上帝對話得通過神職人員轉達。
· 教皇和大主教們生活奢侈，終生獨身。

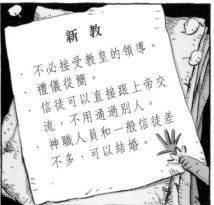

新教

· 不必接受教皇的領導。
· 禮儀從簡。
· 信徒可以直接跟上帝交流，不用通過別人。
· 神職人員和一般信徒差不多，可以結婚。

應該把你們這些異教徒通通燒死！

主教都是大騙子！

　　面對這種混亂的局面，伊利沙伯沒有退縮和逃避，也沒有被推翻（她是一名新教教徒，所有的天主教教徒都希望她趕緊下台），而是用她的才能維護了英格蘭統一——這非常了不起，至少她的前任、前前任全都做不到。

　　這位女王陛下堅強又謹慎，同時非常有智慧，完全稱得上一位出色的政治家。她並不追逐軍事功勳，對建立龐大的帝國也不感興趣。在她執政早期，英國政府的財政狀況良好，即使是後來因為跟西班牙發生戰爭耗資巨大，整個國家還是比她登基時繁榮得多。

　　伊利沙伯一世統治時期還是英國文化發展的重要時期。她從不輕易地否定任何言論，這讓學者們有了很大的自由，所以

英國文化界湧現出了很多鼎鼎大名的人物，比如大作家莎士比亞和思想家培根。

尊敬的女王陛下，請允許我為您朗讀我剛寫的劇作！

至高無上的偉大女王，下面我將向您闡述我的哲學觀點！

莎士比亞　　　　　　　　　　　　培根

　　另外，由於她鼓勵探險，英格蘭人的探險熱情空前高漲，紛紛揚帆出海。這讓英格蘭變成了一個海上強國，逐漸取代了西班牙的海上霸主地位。

　　下面，女王陛下將為你講述她的故事──這很難得，因為她的座右銘是「我看，但我沉默」。事實上她一生都是這麼做的，除了她自己，誰都猜不透她的想法──這對她的統治似乎是件有利的事。

　　不管怎麼說，女王陛下的故事就要開始了。在她的故事裏，你會了解到：

　　·她差點兒沒登上王位。

　　·她經常到各地巡視──騎在馬背上，而不是坐在馬車裏。

　　·她討厭戰爭和流血，但是需要動手時也毫不猶豫。

　　·她允許很多國家的國王和王子向自己獻殷勤，但她一生都沒有結婚。

伊利沙伯女王開講啦

不同尋常的隱忍童年

　　我出生在倫敦的普萊斯提亞宮，老爸是英格蘭國王亨利八世，老媽是他的第二任王后安妮·博林。剛一出生，我就被指定為王位繼承人。不過，因為老爸老媽是按照新教教規結婚的，所以天主教教徒們不承認我的繼承人身份。當然，這對我來說沒甚麼影響——因為老爸的寵愛，我的生活過得非常舒服。

　　三歲那年，災難降臨了。殘酷的死亡、凶險的政治鬥爭和複雜的親情包圍了我……

　　先是我可憐的老媽被砍掉了腦袋，因為隨便一個甚麼罪名。接着，我被取消了繼承人資格。

　　一年以後，老爸和他的第三任王后生下了弟弟愛德華，我和姐姐的地位一落千丈。

　　在這一連串的打擊面前，我表現得非常堅強。

她從不抱怨，也很少流淚，是個堅強的好姑娘。

抱怨有用嗎？

幸運的是，老爸的新王后凱瑟琳·帕爾是一位好心的女士，她對我和姐姐瑪麗非常關心，讓我們接受了良好的教育。我學習了古典文學、歷史、數學、詩歌和各種禮儀，還熟練掌握了六種語言——英語、法語、意大利語、西班牙語、拉丁語和希臘語。凱瑟琳王后還讓老爸改變了主意，重新賦予瑪麗和我王位繼承權，位置排在愛德華後面。我非常感激凱瑟琳王后，我想全英格蘭都應該感激她！

危機四伏的登基之路

在我 13 歲那年，老爸去世了，弟弟愛德華當上了國王。這位年幼的國王並沒甚麼功績，除了堅決支持新教——他跟老爸和我一樣，都是新教教徒。

1553 年，我的弟弟在做了六年國王以後也去世了，因為肺結核或者砒霜中毒——你知道，在我生活的時代，醫學並不發達，很難確定具體病因，而且這也許是王室的許多秘密之一。接下來，我的姐姐瑪麗上台了，大家稱呼她瑪麗一世。

瑪麗是個虔誠的天主教教徒。她剛一登基，就宣佈天主教為英國國教，並給了羅馬教皇至高無上的權力。她強迫所有英國人放棄新教，改信天主教——尤其是我。

事實上，我只是在瑪麗面前假裝信仰天主教，內心仍然信仰新教——這一點相信她看得出來，不然不會這麼火冒三丈。新教教徒們希望我取代瑪麗當女王，瑪麗覺得我威脅到了她的王位，就把我關進了倫敦塔（這是專門關押身份高貴的囚犯的地方），讓我待在這兒面壁思過——我敢打賭她在心裏一定無數次請求過死神把我帶走。

雖然我被關了起來，但這段時間瑪麗的日子也不太好過。她殺死了三百多個新教教徒，整個英國都對她發出了不滿的聲音——現在大家管她叫「血腥瑪麗」。

就這樣過了好幾年，瑪麗生病去世了，她沒有孩子，於是我成了合法繼承人。1559 年 1 月 15 日，26 歲的我在威斯敏斯特教堂加冕為女王。這個日子是占星師約翰·迪伊挑選的，據說這一天特別吉利，能為英格蘭帶來好運。

絕不手軟的鐵腕統治

　　剛登基時我的統治並不穩固，許多難題擺在我面前——比如與法國的戰爭、與蘇格蘭和西班牙的緊張關係。不過在那之前，我得先平息天主教和新教的激烈爭鬥。

　　剛開始我採取了寬容的宗教政策，希望找到一個折衷的辦法緩解矛盾。不過，我本人是新教教徒這件事本身就讓天主教的人覺得不舒服，更何況我宣佈我才是教會的最高領導人，而不是教皇。

瞧，這讓我沒辦法再繼續寬容下去，而讓我震怒的還有敵人們的陰謀，比如蘇格蘭女王瑪麗（跟我的姐姐同名）一直試圖挑戰我的權威。

　　這位蘇格蘭女王是我的姪女，完全有資格繼承英格蘭王位。重要的是她是天主教教徒，這意味着如果我被暗殺或者天主教叛亂成功，英格蘭將再次由一位信仰天主教的女王來統治——你可以想像那些天主教教徒們有多希望這一天趕快來臨。

　　不過，除掉她的機會很快來了。

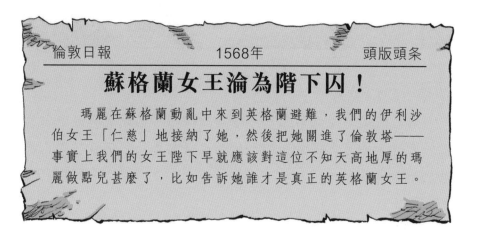

倫敦日報　　　　　1568年　　　　頭版頭条

蘇格蘭女王淪為階下囚！

　　瑪麗在蘇格蘭動亂中來到英格蘭避難，我們的伊利沙伯女王「仁慈」地接納了她，然後把她關進了倫敦塔——事實上我們的女王陛下早就應該對這位不知天高地厚的瑪麗做點兒甚麼了，比如告訴她誰才是真正的英格蘭女王。

　　瑪麗被我關進了倫敦塔，但麻煩事可沒就此停下來。

大臣們把有關瑪麗參與政變的證據放到了我面前……

陛下，這個女人的存在對您來說始終是個威脅！請在死刑執行書上簽字吧！

殺人的事我可不想幹——名字簽在哪兒？

不可或缺的優秀幫手

你已經見到了我的大臣，作為一個國家的最高統治者，我的確需要一些可靠而優秀的人幫我出謀劃策。他們當中最出色的是下面這幾位……

威廉·塞西爾從我繼位起就一直是我最親密的首席國務大臣。為了他，我特地設立了伯利勳爵這個爵位。

塞西爾去世後，他的小兒子羅伯特接替了他的位置。雖然羅伯特的能力根本趕不上他老爸，但也算稱職。

弗朗西斯·沃爾辛厄姆為我在歐洲建立了一個間諜網，所有針對我的陰謀，他都會在第一時間知道並進行防範。

另外，還有兩位先生也幫了我很大的忙——這件事我們只能私下說說。

弗朗西斯‧德雷克是第一個環球遠航的英格蘭人，他給我帶回了整船的黃金。

沃爾特‧雷利和他的手下乘船到達北美洲，在那兒建立了隸屬於英格蘭的殖民地。

有傳聞說，我是個海盜——但我保證女王陛下對我的行程一清二楚，事實上她正是這次航行的投資者之一。

有了他們的幫忙，我把英格蘭治理得不錯，而且還有空閒出去走走。我經常騎馬到處巡視，而不是坐着馬車參觀。我希望每一位百姓都可以清楚地看到我的臉，感受到我的強大和自信，這樣他們就會對我更加擁戴了。

不過，我和我的御馬官羅伯特‧達德利因此傳出了緋聞，很多人都說他是我的男朋友，這當然是無稽之談。不過，提起男朋友這件事，我正有話要說⋯⋯

我嫁給了我的國家

自從登基當了女王，我就成了歐洲未婚男士眼中的最佳結婚對象。每年都有很多大使來為他們的國王或王子求婚，我的大臣們也希望我早點兒結婚，因為我需要子嗣繼承王位——他們還為我推薦了好幾位年輕英俊的候選人。

我的追求者包括西班牙國王、瑞典王子、丹麥國王、奧地

利大公以及數不清的公爵，我對他們每個人的態度都差不多，既不同意，也不拒絕。

他們哪會知道我的想法：如果我嫁給大臣，其他人就會心生嫉妒，這會加劇王宮裏的派系鬥爭；如果我嫁給某位外國國王或王子，就會讓英格蘭無法保持中立的外交政策，並得罪不喜歡這個國家的臣民。

所以，我認為獨身對我個人和英格蘭來說都是最好的選擇。保持獨身的話，所有求婚者都會心存希望，以為自己有機會獲選，這樣他們的國家就會跟英格蘭保持友好的關係，而我正好可以利用這一點，最大限度地為英格蘭謀求利益。

就這樣，我一輩子都沒有結婚，對於我的不婚主義，我的解釋贏得了所有英格蘭人民的讚賞……

我嫁給了我的國家！

在伊利沙伯一世執政期間，英格蘭變成了歐洲最強大的國家，並在隨後的幾百年裏一直保持着這種強國地位。因為這，人們把伊利沙伯在位的四十多年稱為英格蘭的「黃金時代」，而伊利沙伯本人也被認為是英格蘭歷史上最出色的統治者。

知識鏈接

上議院

　　伊利沙伯坐在王位上，主持由貴族和主教組成的上議院會議。

伊利沙伯一世國璽

　　這是一枚銅質徽記印章，常被用於製作加蓋在文件上的蠟封。

國璽的正面，女王手握權杖和寶球，象徵王室權力，她頭上的光輝象徵其神聖的地位。

國璽的背面，女王騎着馬穿過花叢，象徵着通向繁榮和希望。兩側是英格蘭的都鐸玫瑰、愛爾蘭豎琴和法國的百合花。

權杖

　　象徵無上的權力。

王冠

　　代表國王的高貴威儀。

寶球

　　球體象徵世界，十字架是基督教的標誌。

下議院

　　下議院的議員們由土地擁有者選舉產生，他們大部份是地位次於貴族的紳士。下議院只有女王召集時才開會，但他們也有自己的權力，比如經過他們同意，女王才能提高賦稅和實施新的法律。

德川家康

結束日本戰國亂世的梟雄

從 15 世紀後期到 17 世紀初期是日本歷史上著名的戰國時代。在這段歷史時期，最引人矚目的就是各個藩國的大名（相當於諸侯）。他們野心勃勃，為了爭奪權力和領土發生了激烈的戰爭，誰也不把名義上的最高統治者——天皇放在眼裏。

織田信長

他非常勇敢，而且喜歡挑戰權威，善於排兵佈陣，氣場強大，英明果斷。他推翻了統治日本二百多年的室町幕府，是名震日本的最強大名。

豐臣秀吉

他腦子靈活，性格堅毅，非常擅長給自己製造機會。作為織田信長之後的日本實際統治者，他曾經擔任日本的最高官職，號稱太閣。

至於最後出場的這位大名嘛，他不像織田信長那樣驍勇善戰，也不像豐臣秀吉那樣足智多謀，他是個矮胖子，不過，這絲毫不影響他成為跟另外兩位齊名的傳奇人物。

　　現在，我們正式介紹他出場吧——德川家康（1543—1616），日本戰國時代末期傑出的政治家和軍事家。他徹底結束了日本戰國時代，將日本統一成一個真正完整的國家，並建立起一個有威信的政權——江戶幕府。

初次見面，請多關照！

德川家康課堂：日本幕府

　　幕府是古代日本的最高政府機構，幕府的統治者幕府將軍是整個日本權力最大的人——比天皇的權力還要大。在日本的歷史中，一共經歷了鐮倉幕府、室町幕府和江戶幕府三個幕府時代，而德川家康就是江戶幕府的第一代將軍。

曾經有人問過一個問題：如果杜鵑不肯開口唱歌，應該怎麼做？織田信長、豐臣秀吉和德川家康的回答各不相同。

豐臣秀吉　　　　織田信长　　　德川家康

德川家康之所以能取得那些偉大的成就，跟他隱忍的性格有很大關係。的確，他就像是最頑強的野草，雖然在大風刮起時會隨風倒下，但永遠不會折斷，等到風停以後會重新站直腰桿。他的忍耐並不是膽小或懦弱，而是為了保存實力，等待最好的時機。一旦時機到來，他絕不猶豫。這種精神留在每個日本人的心裏，漸漸形成了他們堅忍不拔的民族性格。

下面就請這位將軍講他的故事，你會在他的故事裏看到：

· 他娶了一位兇悍的姑娘。

· 他殺死了自己的兒子。

· 他三番五次向對手示弱求和。

· 他在治國方面做得很棒。

德川家康開講啦

老爸選擇向今川義元效忠

我出生在日本中部的三河國，原本的姓氏是松平，名字叫竹千代。我是家裏的大兒子，我的老爸是整個松平家族的首領。

不過，三河國只是個弱小的藩國，周圍的鄰居都很強大。東邊掌握駿河國和遠江國的大名今川義元態度強硬，西邊的尾張國大名織田信長也毫不示弱。夾在兩個強勢大名之間，老爸只能依附其中一方——他選擇向今川義元效忠。

為了保證老爸對自己的忠心，今川義元要求老爸把我送到他那兒當人質。於是，8歲那年，我被送到了今川家。

作為一名人質，我當然不能指望在這裏過舒服的日子。不過，因為要拉攏老爸為自己服務，今川義元對我也沒有多刻薄，還讓我接受了良好的教育。我讀書寫字，學習歷史故事和軍事常識，還學劍術、弓術、炮術和馬術，並且每天都堅持練習。

就這樣，我在今川家長到了14歲。這一年，今川義元為我安排了一門親事，要我娶他的部下關口的女兒當太太。

　　瞧，這就是我的新娘關口。她比我大一歲，是當時有名的
刁蠻富家女。因為有今川義元撐腰，她在我面前傲慢無比，趾
高氣揚。不過，無論她怎麼對我，我都對她俯首帖耳，因為我
必須要讓今川義元對我失去警惕。

看來這是個老實人！

　　我取得了今川義元的信任，他甚至讓我統領士兵，跟他一
起參加戰爭。

我想我必須換個立場

　　1560年，今川家族和織田家族發生了戰爭，今川義元集
結了兩萬人的兵力，而織田信長的士兵只有四千多人。

　　今川義元自信滿滿，下令全面進攻尾張國。我也參加了這

次戰爭，跟着隊伍一路西進。開頭一切順利，但在桶狹間這個地方，輕敵的今川義元遭到了織田信長的突襲，結果在戰鬥中被殺死了。

現在，我的人質生涯終於要結束了。我回到三河國，但仍然是今川家族的附庸。我不斷出兵騷擾織田家族的領土並攻打他們的城寨，同時接連給今川義元的接班人今川氏真寫信，建議他組織軍隊，討伐織田信長。不過，今川氏真並沒有擴張的野心，而今川家族也因為今川義元的戰死而統治力減弱。

在今川家族衰退的同時，織田信長的勢力迅速擴張，而東北甲斐國的大名武田信玄也實力強勁，虎視眈眈。想要在各個強敵之間生存下來並不容易，我想我必須換個立場了——沒錯，我決定跟織田信長講和。

我願意向您効忠！

1562 年，我和織田信長締結盟約，成了盟友。在那以後，我不用再分出兵力駐守三河國和尾張國的邊界了，於是騰出手來在三河國內繼續擴張。經過幾年征戰，我打敗了其他對手，統一了三河國，在全國也算是數得上的人物了。1567 年，天皇特意賜給我德川這個姓氏——這可真是了不起的榮耀。

不過就在這時，我的妻子關口密謀發動叛亂，想要殺死織田信長——她一直忠心於死去的今川義元。織田信長聽說了這件事，命令我殺死關口和我們的兒子德川信康。我知道信康並沒有跟他的媽媽合謀，但是如果拒絕織田信長的要求，就意味

着我會成為他的敵人。

我想了三天三夜，最後硬起心腸，下令賜死信康。這讓織田信長非常感動……

從此，織田信長對我完全信任，我們聯手滅掉了一個又一個敵人。織田信長的勢力越來越大，儼然成了說一不二的頭號人物，而我也成了天下最有實力的大名之一。不過，我始終以家臣的身份跟他相處，暗暗等待時機成熟。

我沒必要繼續跟豐臣秀吉硬碰硬

1582 年 6 月，織田信長手下的大將明智光秀忽然發動了叛亂，當時織田信長正住在京都的本能寺裏，手下只有二十幾名侍衛。他抵擋不住叛軍的猛烈進攻，最後只好自殺了。

這是個千載難逢的好機會，誰能最先趕去討伐明智光秀，誰就能樹立起威望，得到整個織田家族的支持。

　　正當我準備借着為織田信長報仇的名義起兵奪取天下的時候，織田信長的部下豐臣秀吉從半路殺了出來，搶先一步打敗明智光秀，控制了局勢。

　　我不甘心失去這個好機會，於是跟豐臣秀吉開戰。因為實力相當，我們的戰爭持續了將近一年。豐臣秀吉沉不住氣了，給我寫來這麼一封信——

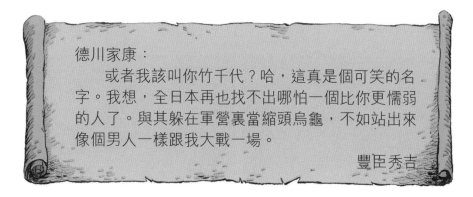

德川家康：
　　或者我該叫你竹千代？哈，這真是個可笑的名字。我想，全日本再也找不出哪怕一個比你更懦弱的人了。與其躲在軍營裏當縮頭烏龜，不如站出來像個男人一樣跟我大戰一場。

豐臣秀吉

他以為我看了信會生氣，但我根本沒放在心裏，反而冷靜地觀望局勢，抓住他的破綻，在小牧一帶把他打得落花流水。

我得承認，豐臣秀吉的確有點兒本事。雖然打了敗仗，但他憑藉高超的外交政策贏得了大家的擁戴，現在大家都認為他才是織田信長的正牌擁護者。在這種情況下，我想我沒必要繼續跟他硬碰硬，於是我主動跟他講和，結束了這場戰爭。

豐臣秀吉基本統一了日本，不過他也只在最高統治者的位置上待了九年而已。1598年，他生病死去了。他的部下分成文臣和武官兩派吵得不可開交，都認為自己這邊應該分到更多的好處和更大的權力。我利用各種機會讓他們的矛盾加劇……

這群人你爭我搶，在互相爭鬥中漸漸消耗了實力。我暗中積蓄力量和聲望，抓住機會出兵，一舉消滅了豐臣家族，取代了豐臣秀吉的位置。

稱霸天下的男人的食物

現在，各地已經沒有哪個藩國的大名有實力跟我抗衡了，日本的戰國時代就這樣結束了。說到統一全國這件事，也許我所做的不如織田信長和豐臣秀吉多。(有人說若把日本統一看作一塊餅，織田信長是種麥子的人，豐臣秀吉是將麥子拿來製成餅的人，而我是吃餅的人。我非常不喜歡這種說法，非常！)但在治理國家方面，我想我比他倆都要棒。我在江戶建立了幕府，統治全國各地的藩國，規定各個藩國的大名都要由我任命。為了保證他們當中不會有誰威脅到我的地位……

最重要的藩國大名由我的兒子和親戚擔任。	有些藩國則交給一直效忠於我的部下管理。	最後是向我投降但還不能完全信任的大名。

我姓德川，這個姓氏多麼榮耀！

我一生都對德川將軍忠心耿耿，現在待遇很不錯！

雖然不怎麼受重視，不過好歹還算有自己的領地。

我派親信監視最後那類大名，瞧這封密信——

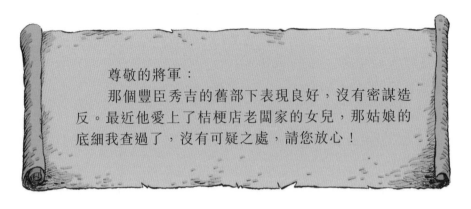

尊敬的將軍：
　那個豐臣秀吉的舊部下表現良好，沒有密謀造反。最近他愛上了桔梗店老闆家的女兒，那姑娘的底細我查過了，沒有可疑之處，請您放心！

另外，我還注重發展農業和工商業，並帶頭過節儉的生活，讓日本的經濟得到了恢復。

用黃金裝飾我的住所？沒這必要！

樸實的打扮才順眼！

只剩了一個小飯團，竟然也要帶回家！

不過，我可不是吝嗇的守財奴。我積攢起很多財富，並叮囑我的繼承者要通通用在百姓身上，這樣，我對日本就算是放心了。

我的故事就講到這裏，接下來是我的晚餐時間。今晚的菜是茄子，這可是我最喜歡的食物。

沒錯，這是稱霸天下的男人的食物！

德川家康的壽命很長。在他生活的那個年代，40 歲就進入老年了，而他足足活到 75 歲。

為了鞏固政權，保衛領土，他實行了部份鎖國的政策。必須承認，這在一定程度上阻礙了日本的發展，不過同時也為日本帶來了將近三百年的太平盛世。

天守閣

　　建在城堡中心、規模
最大的建築物叫天守閣，
戰時是城主的司令塔和最
終死守處。

城牆
把大石塊堆砌加工成平面，再
將小石塊塞入縫隙，可以讓城
牆更陡、更具霸氣。

168

家紋

　　家紋是一個家族的標誌。日本的家族標誌多採用代表吉祥的植物圖案，這些植物本身大多是草藥，能除妖避邪，具有家景繁榮昌盛的美好寓意。家紋一旦確定，則世代沿用。

德川氏家紋

　　松平家還沒有改姓德川時，家紋已經是代代相傳的三葉葵。相比舊的家紋，德川家的三葉葵還在外圍加上了圓形圖案，據說這是獨創。

日本皇室的十六瓣菊花家紋

　　日本皇室（天皇家）的家紋是「十六瓣八重表菊紋」，日本並沒有確立正式的國徽，因此習慣上，這個菊花紋章就被作為日本代表性的國家徽章使用。

源氏家紋

源氏的龍膽紋。中醫說龍膽是一種吃了能瀉肝膽實火的植物。

平氏家紋

　　平氏的揚羽蝶紋。揚羽蝶就是燕尾蝶。相傳當年戰場上的平氏旗幟用的是黑色揚羽蝶家紋。

織田氏家紋

　　織田氏木瓜紋的圖案是木瓜的橫切面，象徵着子孫繁盛。而這裏的木瓜不是指水果木瓜。

書　　名　漫畫名人故事 ③ 從馬可孛羅到德川家康

編　　著　紅馬童書　張　文

繪　　圖　莊建宇　李　楠　侯亞楠　陳宗岱　陳廣濤　陳　銘

責任編輯　郭坤輝

封面設計　楊曉林

出　　版　小天地出版社（天地圖書附屬公司）

　　　　　香港黃竹坑道46號

　　　　　新興工業大廈11樓（總寫字樓）

　　　　　電話：2528 3671 傳真：2865 2609

　　　　　香港灣仔莊士敦道30號地庫（門市部）

　　　　　電話：2865 0708　傳真：2861 1541

印　　刷　亨泰印刷有限公司

　　　　　柴灣利眾街德景工業大廈10字樓

　　　　　電話：2896 3687　傳真：2558 1902

發　　行　香港聯合書刊物流有限公司

　　　　　香港新界荃灣德士古道220-248號荃灣工業中心16樓

　　　　　電話：2150 2100　傳真：2407 3062

出版日期　2021年6月 / 初版 · 香港